Die Römer an Stationen

Grundschule

4. Auflage 2024

Inhalt: Birgit Brandenburg
Coverbild: © Freesurf - fotolia.com
Redaktion: Kohl-Verlag
Grafik & Satz: Kohl-Verlag
Druck: farbo prepress GmbH, Köln

Bestell-Nr. 11 970

ISBN: 978-3-96040-117-9

Bildquellen:

Seiten 2-63 © Vector Tradition - AdobeStock.com; Seite 11 © fotolia_53119698; Seite 15 © neurobite - fotolia.com; Seite 19 © BluedarkArt - fotolia.com; Seite 20 © Arent - wikimedia commons; Seite 25 © dedMazay - fotolia.com; Seite 31 © NJ - fotolia.com; Seite 33 © james Kratz - AdobeStock.com; Seite 35 © Comugnero Silvana - fotolia.com; Seite 39 © clipart.com; Seite 43 © Fyle - fotolia.com; Seite 45 © abrada - fotolia.com; Seite 51 © Neil Carey; Seite 53 © ChrisO & ChronPaul - wikimedia commons; vitfedotov - AdobeStock.com; Seite 55 © lesniewski - fotolia.com; Seite 61 © Davidus & sunspire - fotolia.com

Inhalt

Übersicht

1 Begrüßung und Bedeutung

Stationsname	Niveau	Seite
Salve!	⊙ ! ★	7
Bedeutendes Rom	⊙ ! ★	7

2 Kindheit und Ausbildung

Stationsname	Niveau	Seite
Geburtsamulett	⊙	9
Mädchen ohne Namen	★	9
Sippe kommt zuerst	★	11
Schulgeld für ludus	!	11
Harte Hefte	⊙	13
Ohne Punkt und Komma	★	13
Schulwörter	★	15
Buchstabenmathe	⊙ ! ★	15

3 Alltag und Familie

Stationsname	Niveau	Seite
Domus	★	17
Fußbodenheizung	⊙	17
Römische Resteverwertung	★	19
Igittspeisen	⊙	19
Wer lieferte was?	!	21
Seltsame Kosmetik	⊙	21
Römisches Design	★	23
Götter für jede Gelegenheit	★	23
Gewähr auf Sklaven?	!	25
Wer erledigt was?	⊙	25

4 Entspannung und Freizeit

Stationsname	Niveau	Seite
Formel 1 in Rom	★	27
Tragö- und Komödien	!	27
Römische Popstars	!	29
Ein Koloss von Theater	!	29
Ungleiche Zweikämpfe	★	31
Für 1 Quadran Heißluft	★	31
Fitness- Center	⊙	33
Gesellschaftsspiele	!	33

KOHL VERLAG DIE RÖMER AN STATIONEN Grundschule – Bestell-Nr. 11 970

Übersicht

Einsatz der Materialien

Sehr geehrte Kollegen und Kolleginnen,

dieses Werk ***Die Römer an Stationen*** soll Ihnen ein wenig Ihre alltägliche Arbeit erleichtern. Dabei war es besonders wichtig, Stationen zu kreieren, die möglichst schüler- und handlungsorientiert sind und mehrere Lerneingangskanäle ansprechen. Denn nur so kann das Wissen langfristig gespeichert und auch wieder abgerufen werden. Die Stationen greifen wichtige Aspekte über das Leben in dieser Epoche heraus. So können sich die Schüler Ereignisse und Entwicklungen im Römischen Imperium verdeutlichen und in ihrem individuellen Arbeits- und Lerntempo die einzelnen Stationen bearbeiten. Durch den individuell ausfüllbaren Laufzettel wird bei dieser sehr differenzierten Arbeitsform stets der Überblick gewahrt. Die Materialien eignen sich auch hervorragend für die Selbstlernzeit oder als Ausgangspunkt für Gruppendiskussionen.

Stationen:

Die einzelnen Stationskarten sind mit Nummern versehen, eine chronologische Bearbeitung ist aber nicht nötig. Trotz der Nummerierung kann jeder Schüler selbst entscheiden, welche Station er bearbeiten möchte. Dies können beispielsweise lediglich Stationen aus einem Bereich sein, ebenso gut können jedoch Stationskarten aus allen Bereichen vermischt werden. Die Stationen können in Einzel-, Partner- oder Kleingruppenarbeit erarbeitet werden, je nach Vorliebe der Lehrperson bzw. der Klasse.

Differenzierung der Aufgaben:

Innerhalb der Bereiche gibt es drei Schwierigkeitsstufen zur Differenzierung.

⊙ = grundlegendes Niveau

! = mittleres Niveau

✶ = erweitertes Niveau

Die Aufgaben zum grundlegenden Niveau sollten von allen Schülern bearbeitet werden. Aufgaben mit mittlerem Niveau bieten Erweiterungen und höhere Anforderungen als das grundlegende Niveau. Die Aufgaben des erweiterten Niveaus sind sogenannte Expertenaufgaben und enthalten vertiefende oder weiterführende Inhalte.
Je nach Leistungsstand können Sie jedoch problemlos Stationen anders kennzeichnen.

Nach dieser kurzen Einführung wünschen Ihnen viel Spaß beim Einsatz der Materialien Ihr Kohl-Verlag und

Birgit Brandenburg

Name: ______________________ Datum: ______________

Stationen-Laufzettel

⦿ Grundlegendes Niveau

Station	Stationsname	erledigt	korrigiert

! Mittleres Niveau

Station	Stationsname	erledigt	korrigiert

✶ Erweitertes Niveau

Station	Stationsname	erledigt	korrigiert

Begrüßung und Bedeutung

Salve!

Salvete, discipuli discipulaeque!
Das ist Latein und bedeutet:
Seid gegrüßt, Schülerinnen und Schüler!
So sprach man vor 2000 Jahren im Römischen Reich.

Aufgabe 1: *Versuche die lateinischen Sätze zu lesen. Ordne die deutschen Sätze den lateinischen zu. Ziehe Verbindungslinien.*

Salve. Ut est nomen tuum? ○	○ Mein Name ist Titus.
Est Livia. ○	○ Livia ist neu hingezogen.
Mihi nomen Titus est. ○	○ So ist es, ich komme aus Köln.
Livia nove adhibitus est. ○	○ Sie ist Livia.
Ita est, venio e Köln. ○	○ Hallo. Wie ist dein Name?

Begrüßung und Bedeutung

Bedeutendes Rom

753 v. Chr. wurde Rom gegründet. 117 n. Chr. bestand das Römische Reich aus 100 Provinzen. Auf dem Gebiet des Römischen Reiches befinden sich heute 40 Länder.

Aufgabe 1: *Suche möglichst viele der 40 Länder im Atlas und schreibe sie ins Heft.*

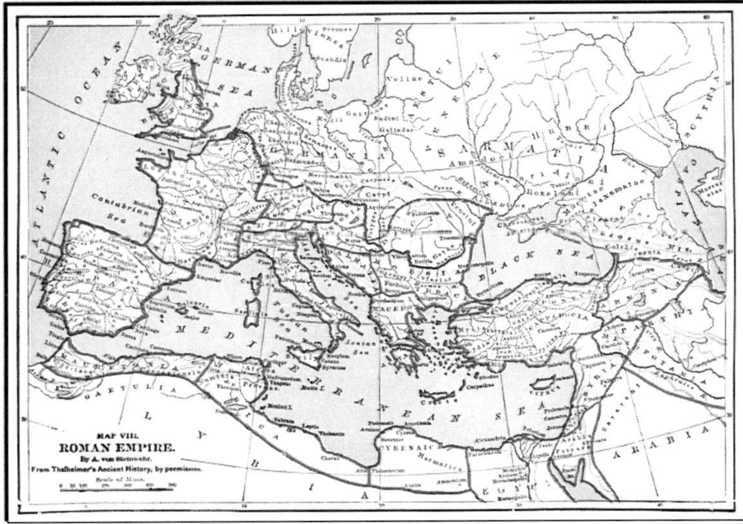

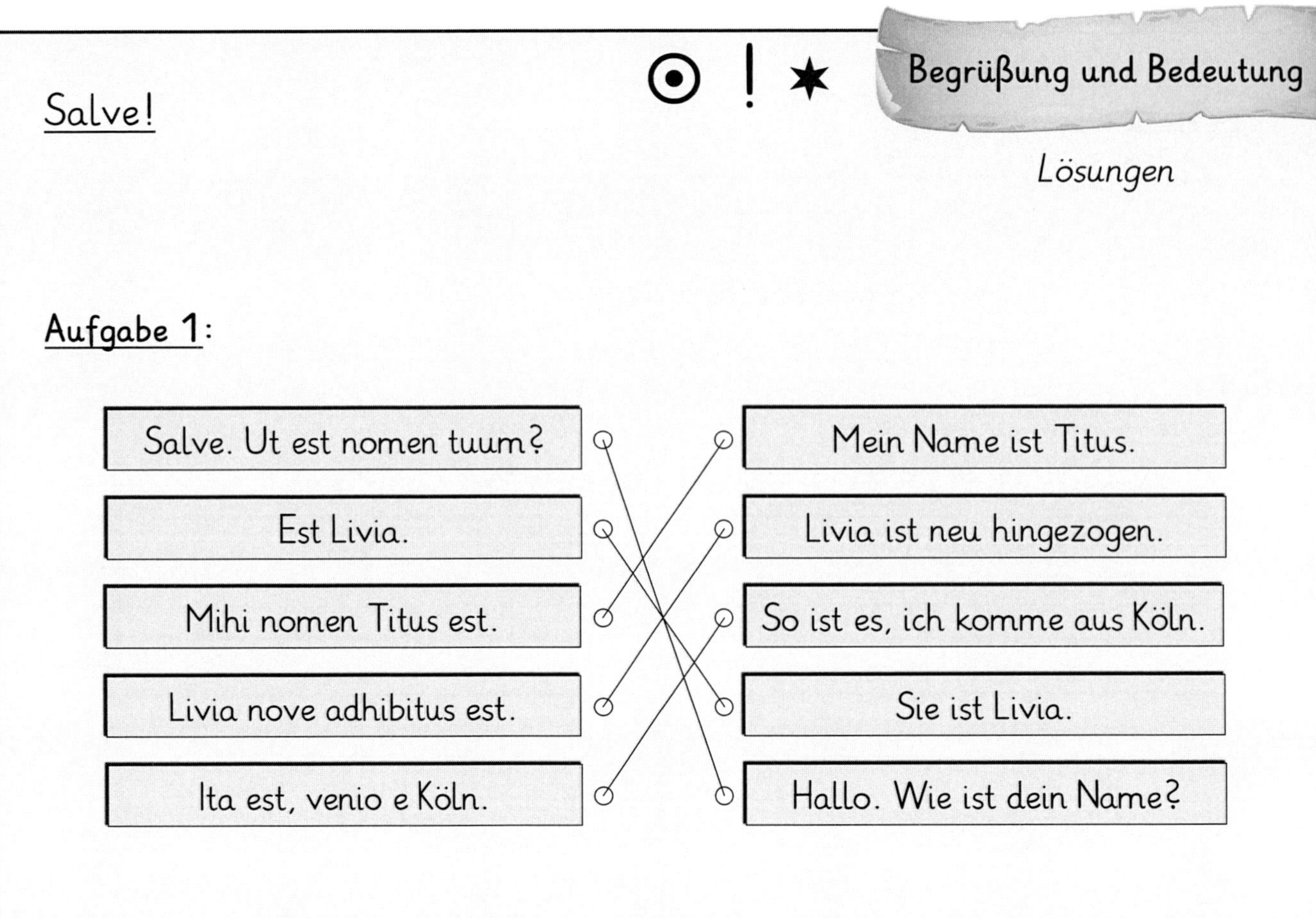

Salve!

Begrüßung und Bedeutung

Lösungen

Aufgabe 1:

Salve. Ut est nomen tuum?	Mein Name ist Titus.
Est Livia.	Livia ist neu hingezogen.
Mihi nomen Titus est.	So ist es, ich komme aus Köln.
Livia nove adhibitus est.	Sie ist Livia.
Ita est, venio e Köln.	Hallo. Wie ist dein Name?

Bedeutendes Rom

Begrüßung und Bedeutung

Lösungen

Aufgabe 1: England, Frankreich, Spanien, Belgien, Luxemburg, Schweiz, Österreich, Italien, Griechenland, Türkei, Syrien, Ägypten, Marokko.

Geburtsamulett

Römische Familien waren immer kinderreich. Doch nur die wenigsten Kinder überlebten, weil es keine Medikamente gegen Kinderkrankheiten gab. Wurden Söhne geboren, hob das das Ansehen der Familie. Zur Geburt bekam jeder Säugling ein **Amulett**, die **Bulla**, geschenkt. Sie war nicht nur ein Talisman gegen böse Geister, sondern zeigte auch an, dass das Kind als freier Bürger geboren wurde.

Aufgabe 1: *Schneide die Bulla aus. Klebe sie auf Pappe. Verziere sie mit Farben oder einem Spruch, wogegen die Bulla helfen soll.*

Tipp:
gegen viele Hausaufgaben,
gegen Streit mit Freunden,
gegen schlechte Noten …

DIE RÖMER AN STATIONEN Grundschule – Bestell-Nr. 11 970
KOHL VERLAG

Mädchen ohne Namen

Neun Tage nach der Geburt bekam jedes Kind seinen Namen. Es gab nur Jungennamen. Mädchennamen waren nicht vorgesehen. Die **Endung -us** bei einem Jungen änderte man bei einem Mädchen in die **Endung -a**. Fertig! Ein **Junge hieß Livius**, ein **Mädchen Livia**. Zudem war die Auswahl für die Eltern nicht groß, denn es gab nur 25 verschiedene Vornamen.

Aufgabe 1: *Bilde aus den Jungennamen durch Veränderung der Endung Mädchennamen.*

Livius	Livia	Lukulus	
Ulpius		Camillus	
Maximilianus		Claudius	
Tiberius		Aurelius	
Marius		Brutus	

DIE RÖMER AN STATIONEN Grundschule – Bestell-Nr. 11 970
KOHL VERLAG

Geburtsamulett

Kindheit und Ausbildung

Lösungen

Aufgabe 1: *individuelle Lösung*

An der Bulla konnte man ein Band durchziehen und sie um den Hals tragen.

Mädchen ohne Namen

Kindheit und Ausbildung

Lösungen

Aufgabe 1:

Livius	Livia	Lukulus	Lukula
Ulpius	Ulpia	Camillus	Camilla
Maximilianus	Maximiliana	Claudius	Claudia
Tiberius	Tiberia	Aurelius	Aurelia
Marius	Maria	Brutus	Bruta

Sippe kommt zuerst

✶ Kindheit und Ausbildung

Die Vornamen waren im Römischen Reich nicht wichtig. Man benutzte sie nur, um die Familienmitglieder zu unterscheiden. Deshalb wurde man auch fast nur innerhalb der Familie mit dem Vornamen angesprochen. Wichtiger waren die Sippen- und Familiennamen. Beispiel: **Aulus Ulpijanus Camillus** **Aulus** (Vorname) war von den Ulpijanus (Sippe) und der Camillus (Familie) abgeleitet. Bei den Mädchen nahm man den Sippennamen als Vornamen und den Familiennamen als Nachnamen: **Ulpijana Camilla**.

Aufgabe 1: *Schreibe die drei passenden Namensteile unter den Namen des Jungen.*

Tiberius Appius Julius

____

Aufgabe 2: *Wie heißen die beiden Schwestern des Jungen? Notiere. Was fällt dir auf?*

1. ________________ 2. ________________

____

Schulgeld für ludus

! Kindheit und Ausbildung

Mit sieben Jahren kamen die Kinder in die Grundschule, die in der lateinischen Sprache **ludus** hieß. Den Lehrer nannte man **magister ludi**. Jedes Kind hatte einen Sklaven, der mit zur Schule ging und auch während des Unterrichts auf seinen Schützling achtete. Man nannte ihn **paedagogus**. Die Eltern mussten Schulgeld bezahlen. Wenn Eltern kein Geld hatten, konnten die Kinder nicht in die Schule.

Aufgabe 1: *So lief der Tag eines Schülers ab. Vergleiche mit deinem und notiere.*

Frühstück in einer Gaststätte ________________

Unterrichtsbeginn fünf Uhr ________________

Mittagessen zu Hause ________________

Unterrichtsende 17 Uhr ________________

Aufgabe 2: *Die Schüler mussten das Alphabet jeden Tag vorwärts und rückwärts aufsagen. Wie heißen die Buchstaben aus dem Alphabet rückwärts aufgesagt?*

4.		11.		20.	

Sippe kommt zuerst

Lösungen

Aufgabe 1:

Tiberius Appius Julius

- Tiberius → Vorname
- Appius → Sippenname
- Julius → Familienname

Aufgabe 2: 1. Appia Julia 2. Appia Julia

Die Schwestern haben gleiche Namen, da sie nur den Sippen- und Familiennamen erhielten.

!

Schulgeld für ludus

Lösungen

Aufgabe 1:

Frühstück in einer Gaststätte	Frühstück zu Hause
Unterrichtsbeginn fünf Uhr	Unterrichtsbeginn acht Uhr
Mittagessen zu Hause	Mittagessen zu Hause / Mensa
Unterrichtsende 17 Uhr	Unterrichtsende 13 Uhr / 16 Uhr

Aufgabe 2:

4.	W	11.	P	20.	G

Kindheit und Ausbildung

Harte Hefte

Aufgabe 1: *Vervollständige den Lückentext. Lies ihn anschließend noch einmal durch.*

Schulkinder – Geschäft – Sätze – Lehrer – Vorhang – Schule – Schüler – Wachs

Stelle dir ein ____________________ mit einem Schaufenster vor. Denke dir statt der großen Glasscheibe einen ____________________. Jetzt weißt du, wie eine ____________________ im Römischen Reich ausgesehen hat. Tische gab es nicht, aber einen Schemel für jeden ______________ und einen Sessel für den ____________________. Das neue Schuljahr begann im **März** mit dem Fest der **Minerva**. Das war die Schutzgöttin der ____________________. Am Anfang ritzten die Schüler das Alphabet mit einem **Metallgriffel**, dem **stilus**, in Tonscherben. ____________________ wurden später mit dem stilus in **Wachstafeln** geritzt. War die Tafel vollgeschrieben, wurde das ____________________ geglättet. Man machte **tabula rasa (glatte Tafel)**.

Aufgabe 2: *Nimm eine Tonscherbe (z. B. von einem Blumentopf). Ritze mit einem Nagel deinen Namen ein. Nimm statt Wachs ein Stück Seife und ritze deinen Namen mit dem Nagel ein. Welchen Unterschied stellst du fest?*

DIE RÖMER AN STATIONEN Grundschule – Bestell-Nr. 11 970 KOHL VERLAG

Kindheit und Ausbildung

Ohne Punkt und Komma

Zum Schreiben lernen mussten die Schüler immer wieder Texte abschreiben. Eigene Texte durften sie nicht anfertigen. Eine ziemlich öde Angelegenheit! Das Lesen lernen war dagegen schwierig. In der lateinischen Sprache waren alle Wörter klein geschrieben und zwischen ihnen befand sich keine Lücke.

Aufgabe 1: *Versuche erst den Text zu lesen. Setze dann Trennungsstriche zwischen die Wörter und lies ihn noch einmal.*

überdiegründungromsgibteseinebekanntelegendediezwillingeromulusundremus
hattenaussichtaufdenthronihronkelamuliuswolltedenjobselbsthabenundsoversuchtee
rseineneffenloszuwerdenersetztediekleinenkinderineinenkorbdeneraufdemflussarno
schwimmenließeinewölfinfandundsäugtesiehirtenrettetendiebeidenspätertötetendie
zwillingeihrenhinterlistigenonkelundgründetendiestadtromamtibergenauanderstelle
andersiegefundenwordenwaren.

DIE RÖMER AN STATIONEN Grundschule – Bestell-Nr. 11 970 KOHL VERLAG

Kindheit und Ausbildung

Harte Hefte

Lösungen

Aufgabe 1: Stell dir ein *Geschäft* mit einem Schaufenster vor. Denke dir statt der großen Glasscheibe einen *Vorhang*. Jetzt weißt du, wie eine *Schule* im Römischen Reich ausgesehen hat. Tische gab es nicht, aber einen Schemel für jeden *Schüler* und einen Sessel für den *Lehrer*. Das neue Schuljahr begann im **März** mit dem Fest der **Minerva**. Das war die Schutzgöttin der *Schulkinder*. Am Anfang ritzten die Schüler das Alphabet mit einem **Metallgriffel**, dem **stilus**, in Tonscherben. *Sätze* wurden später mit dem stilus in **Wachstafeln** geritzt. War die Tafel vollgeschrieben, wurde das *Wachs* geglättet. Man machte **tabula rasa (glatte Tafel)**.

Aufgabe 2: Es war viel schwerer für die Schüler in die Tonscherbe zu ritzen als in Wachs/Seife.

Kindheit und Ausbildung

Ohne Punkt und Komma

Lösungen

Aufgabe 1:

Über die Gründung Roms gibt es eine bekannte Legende. Die Zwillinge Romulus und Remus hatten Aussicht auf den Thron. Ihr Onkel Amulius wollte den Job selbst haben und so versuchte er seine Neffen los zu werden. Er setzte die kleinen Kinder in einen Korb, den er auf dem Fluss Arno schwimmen ließ. Eine Wölfin fand und säugte sie. Hirten retteten die beiden. Später töteten die Zwillinge ihren hinterlistigen Onkel und gründeten die Stadt Rom am Tiber genau an der Stelle, an der sie gefunden worden waren.

Schulwörter

Kindheit und Ausbildung

In unseren weiterführenden Schulen lernen Schüler auch die lateinische Sprache, die im Römischen Reich üblich war. Ärzte und Apotheker brauchen sie auch heute noch, da viele Krankheiten und Medikamente lateinische Namen haben.

Aufgabe 1: *Bringe die passenden deutschen und lateinischen Schulwörter zusammen.*

Schrift	____________	abacus
Metallgriffel	____________	calculator
Tafel	____________	tabula
Buchstabe	____________	littera
Grundschule	____________	stilus
Lehrer	____________	ludus
Schüler	____________	magister
Rechenlehrer	____________	apographon
Rechenbrett	____________	disciplina
Unterricht	____________	abecedarium
Alphabet	____________	discipulus

DIE RÖMER AN STATIONEN Grundschule – Bestell-Nr. 11 970
KOHL VERLAG Lernen mit Erfolg

Buchstabenmathe

Kindheit und Ausbildung

Die Zahlen, mit denen du rechnest, nennt man **arabische Ziffern**. Die Römer hatten nur **sieben Zahlen**, die aber **Buchstaben** waren. Wir nennen sie heute **römische Zahlen: I=1 V=5 X=10 L=50 C=100 D=500 M=1000**

Aufgabe 1: *Lies, wie die Römer aus sieben Buchstaben ihre Zahlen bildeten.*

Sie hängten Zahlen aneinander und addierten sie: MCL = 1000 + 100 + 50 = 1150
Eine kleinere Zahl vor einer größeren wurde subtrahiert: XC = 100 – 10 = 90

Aufgabe 2: *Übersetze die Zahlen in römische oder arabische Zahlen.*

III		IC		1009	
IV		CC		1900	
VI		CD		2016	
IX		DC		88	
XIII		DCC		502	
XXX		CM		98	
XL		CMXC		5003	
LX		M		8	

DIE RÖMER AN STATIONEN Grundschule – Bestell-Nr. 11 970
KOHL VERLAG Lernen mit Erfolg

Schulwörter

Kindheit und Ausbildung

Lösungen

Aufgabe 1:

Schrift	apographon
Metallgriffel	stilus
Tafel	tabula
Buchstabe	littera
Grundschule	ludus
Lehrer	magister
Schüler	discipulus
Rechenlehrer	calculator
Rechenbrett	abacus
Unterricht	disciplina
Alphabet	abecedarium

KOHL VERLAG DIE RÖMER AN STATIONEN

Buchstabenmathe

Kindheit und Ausbildung

Lösungen

Aufgabe 2:

III	3	IC	99	1009	MIX
IV	4	CC	200	1900	MCM
VI	6	CD	400	2016	MMXVI
IX	9	DC	600	88	LXXXVIII
XIII	13	DCC	700	502	DII
XXX	30	CM	900	98	IIC
XL	40	CMXC	990	5003	MMMMMIII
LX	60	M	1000	8	VIII

KOHL VERLAG DIE RÖMER AN STATIONEN

Alltag und Familie

Domus

Die meisten Römer wohnten in Mietshäusern. Dies waren mehrgeschossige Gebäude. Wenn der Platz nicht mehr reichte, setzte man einfach ein weiteres Geschoss oben drauf. Nur wenige reiche Römer konnten es sich leisten in teuren, luxuriösen **Villen** auf dem Land zu wohnen. **Domus** ist Latein und bedeutet Haus/ Wohnsitz.

Aufgabe 1: *Zeichne einen Grundriss eines domus nach der Beschreibung.*

Schlafzimmer (cubicula) rechts und links vom Innenhof

Regenwasserbecken (impluvium) in der Mitte des Atriums

Esszimmer (triclinium) am Ende des domus rechts

Vorratsräume vor Küche und Speisesaal

Gartenanlage (hortus) an das domus anschließend.

Innenhof (atrium) hinter dem Eingang

Ladengeschäfte (tabernae) links und rechts vom Eingang

Küche (culina) links vom Speisesaal

DIE RÖMER AN STATIONEN Grundschule – Bestell-Nr. 11 970 KOHL VERLAG

Alltag und Familie

Fußbodenheizung

In den Villen der reichen Römer gab es vor über 2000 Jahren schon fließendes Wasser, Fußboden- und Wandheizungen.

Aufgabe 1: *Fülle den Lückentext aus.*

Mosaiken – Pfeiler – System – erwärmt – Fußbodenheizung – römische – Luft – regelmäßigen

Bei der römischen ______________________ standen unter dem Fußboden in ______________________ Abständen gemauerte ______________________, die die Bodenplatten trugen. Die Böden wurden oft wunderschön mit ______________________ verziert. Durch dieses gemauerte ______________________ wurde die durch ein Feuer erhitzte ______________________ geführt und dadurch der Boden ______________________. Auch heute noch kann man ______________________ Anlagen bewundern, zum Beispiel in Baden-Baden oder Köln.

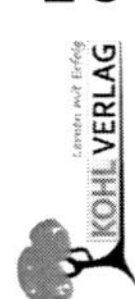

DIE RÖMER AN STATIONEN Grundschule – Bestell-Nr. 11 970 KOHL VERLAG

Domus

Alltag und Familie

Lösungen

Aufgabe 1: *Vorschlag*

1. Eingang
2. Ladengeschäfte
3. Innenhof
4. Regenwasserbecken
5. Küche
6. Gartenanlage
7. Esszimmer
8. Vorratsräume
9. Wohn- / Schlafräume

KOHL VERLAG Lernen mit Erfolg
DIE RÖMER AN STATIONEN Grundschule – Bestell-Nr. 11 970

Fußbodenheizung

Alltag und Familie

Lösungen

Aufgabe 1: Bei der römischen **Fußbodenheizung** standen unter dem Fußboden in **regelmäßigen** Abständen gemauerte **Pfeiler**, die die Bodenplatten trugen. Die Böden wurden oft wunderschön mit **Mosaiken** verziert. Durch dieses gemauerte **System** wurde die durch ein Feuer erhitzte **Luft** geführt und dadurch der Boden **erwärmt**. Auch heute noch kann man **römische** Anlagen bewundern, zum Beispiel in Baden-Baden oder Köln.

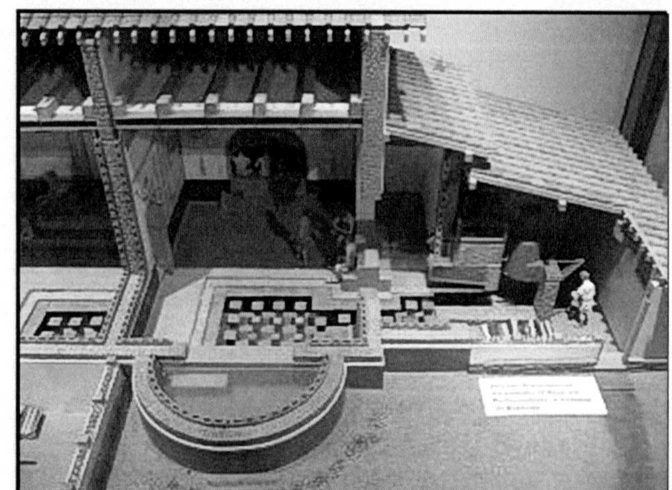

Modell eines römischen Badehauses

KOHL VERLAG Lernen mit Erfolg
DIE RÖMER AN STATIONEN Grundschule – Bestell-Nr. 11 970

Alltag und Familie

Römische Resteverwertung

Ein Festessen begann um 15 Uhr und dauerte etwa zehn Stunden. Besteck und Teller gab es nicht. Die waren auch nicht nötig, da alle mit den Fingern direkt aus den Schüsseln und von den Platten aßen. Jeder brachte seine eigene Serviette mit, um darin Reste des Essens mit nach Hause zu nehmen.

Aufgabe 1: *Bei den Römern gab es Regeln, wie man sich beim Essen zu benehmen hatte. Lies die Regel und schreibe sie in Befehlsform ins Heft.*

a) ... Speisen mit den Fingerspitzen aus den Schüsseln und von den Platten (greifen)
b) ... nicht mit den Fingern in den Haaren oder im Bart (kratzen)
c) ... deine Serviette für den Mund und die Hände und nicht für die Nase (benutzen)
d) ... Essensreste wie Knochen auf den Boden und nicht auf die Platten zurück (werfen)
e) ... deine eigene Serviette für die Essensreste mit (bringen)
f) ... und trink so viel wie du kannst, um zu zeigen, dass das Essen gut ist (essen)
g) ... nicht gierig von den Essensresten mit nach Hause (nehmen)
h) ... den Gaumen mit einer Feder, bis du erbrichst und weiter essen kannst (kitzeln)
i) ... die fettigen Finger zwischendurch in Wasserschalen (waschen)
j) ... laut nach dem Essen, um zu zeigen, dass es dir geschmeckt hat (rülpsen)

DIE RÖMER AN STATIONEN Grundschule – Bestell-Nr. 11 970 KOHL VERLAG

Alltag und Familie

Igittspeisen

Gefriertruhen oder Kühlschränke gab es noch nicht. Um die Lebensmittel haltbar zu machen, wurden sie geräuchert, in Salz oder Essig eingelegt oder an der Luft getrocknet. Die Lebensmittel wurden gekocht, gebraten oder gegrillt. Als Getränk gab es Wein, der in hohen Tonkrügen aufbewahrt wurde.

Aufgabe 1: *Manche der Speisen der Römer sind uns fremd oder hören sich eher nach „igitt" an. Schreibe die Speisen heraus, die du nicht kennst. Schreibe ins Heft.*

Morgens zum Frühstück gab es frisch gebackenes Brot und Brötchen aus Weizenmehl und Honig. Mittags hatten wir ein Festmahl. Der erste Gang bestand aus faulen, gekochten Eiern, Oliven und Käse. Danach gab es gedämpfte Quallen, gegrilltes Flamingofleisch und Bohnen, Erbsen und Linsen. Als 3. Gang servierte unsere Küche geschmorten Kuheuter mit einer scharfen Sauce aus Fischinnereien. Als letzten Gang gab es gekochte Weinbergschnecken in Honigsauce.
Als Nachtisch brachte man frisches Obst und kandierte Früchte.

DIE RÖMER AN STATIONEN Grundschule – Bestell-Nr. 11 970 KOHL VERLAG

Römische Resteverwertung

✶ Alltag und Familie

Lösungen

Aufgabe 1:

a) Greife Speisen mit den Fingerspitzen aus den Schüsseln und von den Platten!
b) Kratze nicht mit den Fingern in den Haaren oder im Bart!
c) Benutze deine Serviette für den Mund und die Hände und nicht für die Nase!
d) Wirf Essensreste wie Knochen auf den Boden und nicht auf die Platten zurück!
e) Bringe deine eigene Serviette für die Essensreste mit!
f) Iss und trink so viel wie du kannst, um zu zeigen, dass das Essen gut ist!
g) Nimm nicht gierig von den Essensresten mit nach Hause!
h) Kitzle den Gaumen mit einer Feder, bis du erbrichst und weiter essen kannst!
i) Wasche die fettigen Finger zwischendurch in Wasserschalen!
j) Rülpse laut nach dem Essen, um zu zeigen, dass es dir geschmeckt hat!

Igittspeisen

⊙ Alltag und Familie

Lösungen

Aufgabe 1: faule, gekochte Eier
gedämpfte Quallen
gegrilltes Flamingofleisch
geschmorte Kuheuter
Sauce aus Fischinnereien
gekochte Weinbergschnecken

Wer lieferte was?

!

Alltag und Familie

Die Landgüter und Bauernhöfe in der Umgebung versorgten die Städte mit Lebensmitteln und sonstigen benötigten Materialien (Brennholz, Baustoffe). Weiter entfernte Provinzen lieferten ebenfalls Lebensmittel, vor allem das kostbare Salz. Als Gegenleistung erhielten sie Getreide und Wein aus Rom.

Aufgabe 1: *Verbinde die zusammengehörenden Satzteile. Schreibe die Sätze ins Heft.*

Aus Oliven wurde	○	○	von den Feldern
Hühner und Gänse lieferten	○	○	aus den Provinzen Ägypten, Syrien, Asien, England
Getreide kam	○	○	aus der Provinz Marokko
Fische kamen	○	○	Fleisch
Aus Bienenstöcken kam	○	○	Olivenöl gepresst
Schafe lieferten	○	○	der Honig
Das kostbare Salz kam	○	○	man Wein
Stoffe für Kleidung kam	○	○	Fleisch, Milch und Wolle
Schweine lieferten	○	○	aus den Teichen
Aus Weintrauben machte	○	○	Eier, Fleisch und Federn

KOHL VERLAG DIE RÖMER AN STATIONEN Grundschule – Bestell-Nr. 11 970

Seltsame Kosmetik

Alltag und Familie

Ohne ein gepflegtes Aussehen ging eine Römerin nicht aus dem Haus. Kosmetik war auch vor 2000 Jahren schon wichtig. Gesichtscreme wurde aus zerriebenen, getrockneten Schnecken hergestellt. Die blasse, vornehme Gesichtsfarbe erzeugten sie mit Kreidepulver, die Enthaarung der Beine wurde mit Baumharz durchgeführt. Augenbrauen bekamen eine Färbung aus Asche.

Aufgabe 1: *Fülle den Lückentext aus und lies ihn anschließend noch einmal durch.*

Schnittwunden – Haare – Friseur – Haarteile – Bänder – Wellen – Blau – Kämme

Die Römerinnen legten ihre ______________ mit dem Brenneisen in Locken und ______________. Auch ______________ waren schon bekannt. Sie wurden in Hochsteckfrisuren gelegt, um mehr Haare vorzutäuschen. Um graue Haare abzudecken, waren Haarfärbungen in Rot und ______________ sehr beliebt. In die Frisuren flocht man ______________ ein und Haarspangen hielten sie zusammen. ______________ und Spangen bestanden aus Holz. Das Schneiden der Haare überließ man dem ______________. Die Rasiermesser waren noch nicht so scharf, so dass der Friseur langsam arbeiten musste, um ______________ zu vermeiden.

KOHL VERLAG DIE RÖMER AN STATIONEN Grundschule – Bestell-Nr. 11 970

Alltag und Familie

Wer lieferte was?

Lösungen

Aufgabe 1:

Aus Oliven wurde	von den Feldern
Hühner und Gänse lieferten	aus den Provinzen Ägypten, Syrien, Asien, England
Getreide kam	aus der Provinz Marokko
Fische kamen	Fleisch
Aus Bienenstöcken kam	Olivenöl gepresst
Schafe lieferten	der Honig
Das kostbare Salz kam	man Wein
Stoffe für Kleidung kam	Fleisch, Milch und Wolle
Schweine lieferten	aus den Teichen
Aus Weintrauben machte	Eier, Fleisch und Federn

Alltag und Familie

Seltsame Kosmetik

Lösungen

Aufgabe 1: Die Römerinnen legten ihre **Haare** mit dem Brenneisen in Locken und **Wellen**. Auch **Haarteile** waren schon bekannt. Sie wurden in Hochsteckfrisuren gelegt, um mehr Haare vorzutäuschen. Um graue Haare abzudecken, waren Haarfärbungen in Rot und **Blau** sehr beliebt. In die Frisuren flocht man **Bänder** ein und Haarspangen hielten sie zusammen. **Kämme** und Spangen bestanden aus Holz. Das Schneiden der Haare überließ man dem **Friseur**. Die Rasiermesser waren noch nicht so scharf, sodass der Friseur langsam arbeiten musste, um **Schnittwunden** zu vermeiden.

DIE RÖMER AN STATIONEN

Römisches Design

Alltag und Familie

Die Römer kleideten sich besonders sorgfältig, denn gutes Aussehen war ihnen wichtig. Kostbare Stoffe und Schmuck zeigten den Reichtum des Trägers an. Sklaven war nur eine Tunika erlaubt. Nur der Kaiser dufte eine Toga in der Farbe Purpur tragen. Die kostbare Farbe wurde aus Purpurschnecken gewonnen.

Aufgabe 1: *Schreibe einen zusammenhängenden Text über die Kleidung der Römer.*

Götter für jede Gelegenheit

Alltag und Familie

In Rom gab es jede Menge Tempel für die verschiedenen Staatsgötter/Staatsgöttinnen. Es gab immer einen bestimmten Gott/Göttin für einen Lebensbereich. Wofür ein Gott/eine Göttin zuständig war, sah man an den Dingen, die er/sie in den Händen hielt.

Aufgabe 1: *Setze die passenden Götternamen ein.*

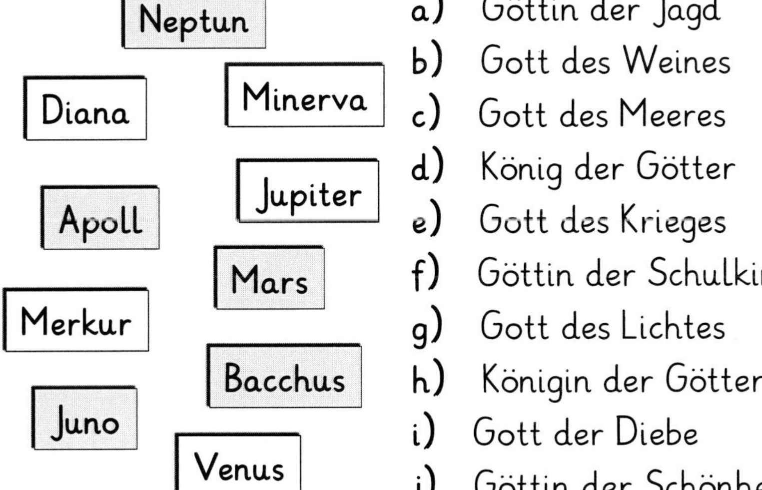

a) Göttin der Jagd
b) Gott des Weines
c) Gott des Meeres
d) König der Götter
e) Gott des Krieges
f) Göttin der Schulkinder
g) Gott des Lichtes
h) Königin der Götter
i) Gott der Diebe
j) Göttin der Schönheit

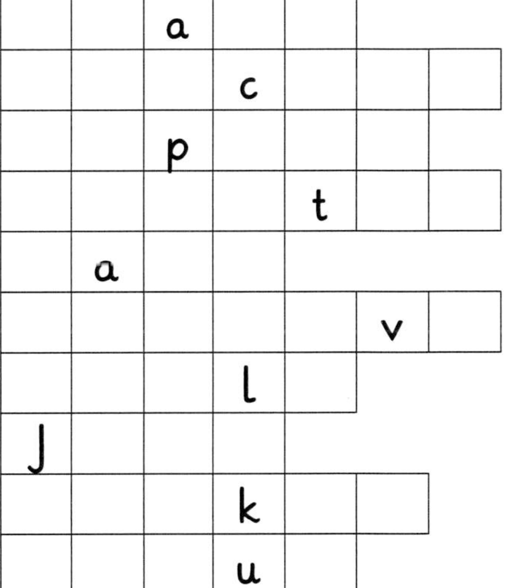

Römisches Design

Alltag und Familie

Lösungen

Aufgabe 1: *Textvorschlag*

Die römischen Männer trugen eine etwa knielange, kurzärmlige Tunika mit einem Gürtel. Darüber kam die fünf Meter lange Toga, die aus einem großen rechteckigen Stück Stoff gewickelt wurde. Die römischen Frauen trugen eine fußlange Tunika mit einem Gürtel und kurzen Ärmeln. Darüber kam eine ebenfalls fußlange, ärmellose Stola. Zuletzt wurde die vier Meter lange Palla gewickelt, die aus einem großen Stück Stoff bestand.

Götter für jede Gelegenheit

Alltag und Familie

Lösungen

Aufgabe 1:

a) Göttin der Jagd
b) Gott des Weines
c) Gott des Meeres
d) König der Götter
e) Gott des Krieges
f) Göttin der Schulkinder
g) Gott des Lichtes
h) Königin der Götter
i) Gott der Diebe
j) Göttin der Schönheit

D	i	a	n	a		
B	a	c	c	h	u	s
N	e	p	t	u	n	
J	u	p	i	t	e	r
M	a	r	s			
M	i	n	e	r	v	a
A	p	o	l	l		
J	u	n	o			
M	e	r	k	u	r	
V	e	n	u	s		

Gewähr auf Sklaven

!

Im Römischen Reich gab es Sklavenmärkte, auf denen Kriegsgefangene oder unfreie Bürger als Sklaven verkauft wurden. Sklaven hatten keine Rechte und waren das Eigentum des Käufers. Sie waren als Arbeiter wichtig für die Bevölkerung. Ein Sklave konnte später von seinem Eigentümer freigelassen werden oder er konnte sich loskaufen und in Freiheit leben.

Aufgabe 1: *Trage die fehlenden Wörter in den Lückentext ein.*

umtauschen – Kunden – Sklave – Hals – Waren – stimmten – Käufer – Beinen

Auf dem Sklavenmarkt boten die Sklavenhändler ihre „Waren" an. Die ________________ standen mit gefesselten ____________________ da. Man hatte sie in Gruppen eingeteilt, damit die ____________________ sofort sahen, wo man sie arbeiten lassen konnte. Jeder __________________ hatte ein Täfelchen um den __________________ hängen, auf dem seine Vor- und Nachteile standen. Die Angaben mussten unbedingt stimmen, denn __________________ sie nicht, konnte der __________________ den Sklaven später wieder ______________________.

KOHL VERLAG – DIE RÖMER AN STATIONEN Grundschule – Bestell-Nr. 11 970

Wer erledigt was?

Jeder dritte Einwohner im Römischen Reich war ein Sklave, den man auf dem Sklavenmarkt kaufen konnte. Sklaven waren auch ein beliebtes Geschenk, wenn man jemandem besondere Ehre erweisen wollte. Als Arbeiter waren sie wichtig fürs Volk.

Aufgabe 1: *Notiere, wer die Arbeiten in unserer Zeit erledigt, die früher von Sklaven gemacht wurden.*

früher	heute
Kinder zur Schule bringen	
Essen servieren	
Einkäufe machen	
Haus putzen	
Straßen bauen	
Felder bearbeiten	
Schiffe rudern	

KOHL VERLAG – DIE RÖMER AN STATIONEN Grundschule – Bestell-Nr. 11 970

Alltag und Familie

Gewähr auf Sklaven

Lösungen

Aufgabe 1: Auf dem Sklavenmarkt boten die Sklavenhändler ihre „Waren" an. Die **„Waren"** standen mit gefesselten **Beinen** da. Man hatte sie in Gruppen eingeteilt, damit die **Kunden** sofort sahen, wo man sie arbeiten lassen konnte. Jeder **Sklave** hatte ein Täfelchen um den **Hals** hängen, auf dem seine Vor- und Nachteile standen. Die Angaben mussten unbedingt stimmen, denn **stimmten** sie nicht, konnte der **Käufer** den Sklaven später wieder **umtauschen**.

Alltag und Familie

Wer erledigt was?

Lösungen

Aufgabe 1: *Textvorschlag*

früher	heute
Kinder zur Schule bringen	Mutter / Vater / Großeltern
Essen servieren	Mutter / Vater / ganze Familie
Einkäufe machen	Mutter / Vater / ganze Familie
Haus putzen	Mutter / Vater / Putzhilfe
Straßen bauen	Straßenbauarbeiter
Felder bearbeiten	Landwirt
Schiffe rudern	Kapitän / Steuermann

Entspannung und Freizeit

Formel 1 in Rom

In der Freizeit gingen die Römer gerne auf die Rennbahn, den **Circus Maximus**. Hier fanden spannende Wagenrennen statt. Meistens waren zwei, manchmal auch vier Pferde vorgespannt. Daten des Circus Maximus:
Länge der Rennbahn 550 m, Breite 180 m, Sitzplätze: 250.000, Rennlänge: sieben Runden.

Aufgabe 1: *Berechne die Länge eines Rennens*

Aufgabe 2: *Wie viele Zuschauer fasst das Stadion von Borussia Dortmund? (Internet!) Vergleiche das größte Fußballstadion Deutschlands mit dem Circus Maximus.*

Wendemarke

Sitzplätze

Starttore

Rennbahn

DIE RÖMER AN STATIONEN Grundschule – Bestell-Nr. 11 970
KOHL VERLAG

Entspannung und Freizeit

Tragö- und Komödien

Beliebt in der Freizeit waren auch Theaterbesuche. Es wurden Tragödien und Komödien gespielt, die von Göttern, Helden, aber auch von normalen Menschen handelten. Die Sitzreihen stiegen halbkreisförmig wie Treppenstufen an, damit die Zuschauer ganz oben noch jedes Wort der Schauspieler verstehen konnten. Die Höhe der Bühne war 32,50 m und die Anzahl der Sitzplätze 10.000.

Aufgabe 1: *Deine Zimmerdecke ist 2,50 m hoch. Wie viele deiner Zimmer ergeben übereinander gestapelt die Höhe der Bühne? Notiere.*

Aufgabe 2: *Die Schauspieler trugen Wechselmasken um verschiedene Gefühle (Wut/Freude) auszudrücken. Bemale zwei Pappteller. Verbinde sie mit einem Gummiband. Trage eine Maske vor dem Gesicht, die andere am Hinterkopf.*

DIE RÖMER AN STATIONEN Grundschule – Bestell-Nr. 11 970
KOHL VERLAG

Formel 1 in Rom

✶ Entspannung und Freizeit

Lösungen

Aufgabe 1: Länge der Rennbahn 550 m x 7 Runden = 3850 m oder 3,850 km

Aufgabe 2: Das Fußballstadion von Borussia Dortmund fasst 81.359 Zuschauer. Damit ist der Circus Maximus dreimal größer als Deutschlands größtes Fußballstadion.

Tragö- und Komödien

! Entspannung und Freizeit

Lösungen

Aufgabe 1: Dein Zimmer passt 13-mal übereinander, um die Höhe der Theaterbühne zu erreichen. Rechne so: 32,50 m : 2,50 m = 13

Aufgabe 2: *individuelle Lösung*

Entspannung und Freizeit

Römische Popstars

Die Schauspieler im Theater wurden von ihren Fans geliebt und verehrt. Die Zuschauer warteten nach der Aufführung respektvoll, um einen Blick auf ihren Star zu werfen. Da die Handlungen der Theaterstücke oft kompliziert waren, langweilten sich die Römer. Man beschloss, dass die Schauspieler ihre Rollen als **Pantomime** spielten und der Chor die wichtigsten Texte sang. Dabei wurde er von Musikern begleitet.

Aufgabe 1: *Schreibe ein Akrostichon zu dem Text.*

P	
A	
N	
T	
O	
M	
I	
M	
E	

Entspannung und Freizeit

Ein Koloss von Theater

Das **Kolosseum** ist heute ein bekanntes Wahrzeichen von Rom. Früher war es ein Amphitheater mit 50.000 treppenartig ansteigenden Sitzplätzen. Im Kolosseum fanden an 72 Tagen im Jahr Zweikämpfe zwischen Gladiatoren (Berufskämpfern) statt, die von den Zuschauern begeistert angefeuert wurden. Es fanden auch Seeschlachten statt. Dazu ließ man Wasser ins Kolosseum laufen, sodass Schiffe darauf fahren konnten.

Aufgabe 1: *Fülle den Lückentext aus.*

Daumen – Überleben – Geld – oben – Gladiatoren – Sklaven – getötet – Verbrecher

Im Amphitheater fanden Zweikämpfe zwischen ________________ statt, bei denen es ums ________________ ging. Als Gladiatoren setzte man Kriegsgefangene, ________________ oder ________________ ein. Die Zuschauer hatten bei Verlierern ein Wörtchen mit zu reden. Hatte er gut gekämpft, zeigten sie mit dem Daumen nach ________________ und er durfte am Leben bleiben. Zeigten sie mit dem ________________ nach unten wurde der Verlierer ________________. Erfolgreiche Gladiatoren konnten viel ________________ verdienen.

Entspannung und Freizeit

Römische Popstars

Lösungen

Aufgabe 1: *Textvorschlag*

P	antomime statt gesprochener Rollen.
A	uffführungen wurden geliebt.
N	ach der Aufführung warteten die Fans.
T	heaterstücke waren zu kompliziert.
O	hne Texte verstanden die Zuschauer das Stück auch.
M	usiker begleiteten den Chor.
I	mmer mehr Römer langweilten sich bei den schwierigen Texten.
M	an beschloss, einige Texte singen zu lassen.
E	in verzweifeltes, trauriges oder freudiges Gesicht sagt auch viel aus.

Entspannung und Freizeit

Ein Koloss von Theater

Lösungen

Aufgabe 1: Im Amphitheater fanden Zweikämpfe zwischen **Gladiatoren** statt, bei denen es ums **Überleben** ging. Als Gladiatoren setzte man Kriegsgefangene, **Verbrecher** oder **Sklaven** ein. Die Zuschauer hatten bei Verlierern ein Wörtchen mit zu reden. Hatte er gut gekämpft, zeigten sie mit dem Daumen nach **oben** und er durfte am Leben bleiben. Zeigten sie mit dem **Daumen** nach unten wurde der Verlierer **getötet**. Erfolgreiche Gladiatoren konnten viel **Geld** verdienen.

DIE RÖMER AN STATIONEN

Entspannung und Freizeit

Ungleiche Zweikämpfe

Die Gladiatoren kämpften mit unterschiedlichen Waffen und in unterschiedlichen Ausrüstungen gegeneinander. Sie gehörten verschiedenen Volksstämmen an und kämpften mit den Mitteln, die sie gewohnt waren: Wurfnetz, Speer, Schwert, Schild, Dreizack, Morgenstern oder Dolch. Manche trugen nur einen Lendenschurz und Sandalen, andere Helm und Brustpanzer oder einen Bein- und Armschutz.

Aufgabe 1: *Suche die richtigen Wörter.*

a) Lange Hieb- und Stichwaffe ____________________
b) Gabelartige Waffe ____________________
c) Geknüpfte Waffe ____________________
d) Kurze Stichwaffe ____________________
e) Kugelwaffe mit Stacheln ____________________
f) Großer Körperschutz ____________________
g) Tuch für die Lenden ____________________
h) Kopfschutz ____________________

Entspannung und Freizeit

Für 1 Quadran Heißluft

Badezimmer gab es nicht in allen Wohnungen. Das war auch nicht nötig. Trotzdem badeten die Römer jeden Tag. Es gab große öffentliche Bäder, die man Therme nannte. Die größte **Therme** fasste 1600 Menschen. Es gab Warmbade- und Kaltbaderäume, einen Heißluftraum (Sauna), ein beheiztes Freibad, Liegeräume und Gärten zum Entspannen.

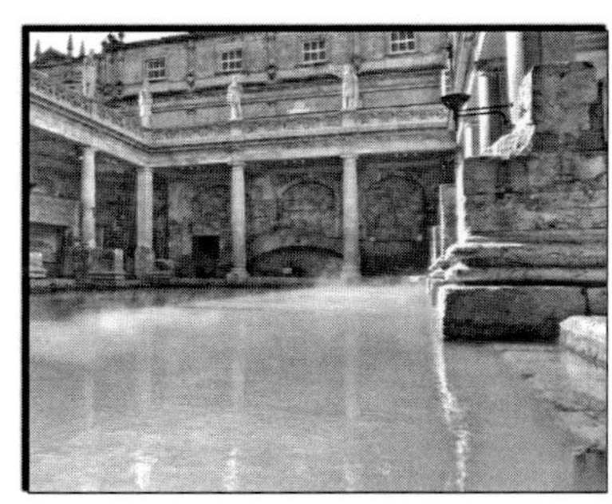

Aufgabe 1:
Schreibe Sätze zu dem Weg, den ein Römer durch eine Therme nimmt. Benutze verschiedene Satzanfänge.

anfangs – zuerst – dann – danach – erst – jetzt – nun – zuletzt – zum Schluss

a)	Umkleideraum: Kleidung ausziehen – Handtuch nehmen
b)	Sportplatz: Fitness-Training – Körper aufwärmen
c)	Warmbaderaum: Freunde treffen – Neuigkeiten austauschen
d)	Heißluftraum: Körper erhitzen – schwitzen – heißer Dampf
e)	Kaltbaderaum: Schweiß abwaschen – Körper abkühlen
f)	Liegeraum: Entspannung – Körper ausruhen
g)	Beheiztes Freibad: schwimmen – spielen
h)	Garküche in der Therme: Hunger – Imbiss kaufen
i)	Garten: Imbiss essen – Spaziergang machen

Entspannung und Freizeit

Ungleiche Zweikämpfe

Lösungen

Aufgabe 1: a) Speer

b) Dreizack

c) Wurfnetz

d) Dolch

e) Morgenstern

f) Schild

g) Lendenschurz

h) Helm

Entspannung und Freizeit

Für 1 Quadran Heißluft

Lösungen

Aufgabe 1:

a)	Zuerst geht er in den Umkleideraum, zieht seine Kleidung aus und nimmt sich ein Handtuch.
b)	Dann betreibt er auf dem Sportplatz etwas Fitness-Training, um den Körper aufzuwärmen.
c)	Danach trifft er im Warmbaderaum Freunde, um mit ihnen Neuigkeiten auszutauschen.
d)	Nun geht er in den Heißluftraum, um den Körper zu erhitzen und in dem heißen Dampf zu schwitzen.
e)	Im Kaltbaderaum wäscht er sich den Schweiß ab und lässt den Körper abkühlen.
f)	Anschließend betritt er den Liegeraum zur Entspannung und um den Körper auszuruhen.
g)	Dann beschließt er im beheizten Freibad zu schwimmen und im Glücksspiel zu spielen.
h)	Nun hat er Hunger, geht in die Garküche in der Therme und kauft einen Imbiss.
i)	Zuletzt schlendert er in den Garten, um seinen Imbiss zu essen und einen Spaziergang zu machen.

DIE RÖMER AN STATIONEN

Fitness-Center

In den Badehäusern (Thermen) wurde nicht nur gebadet, sondern sie waren auch Schönheitssalon, Gesundheitszentrum, Fitness-Center und Tratschbörse. Haarzupfer hatten viel Arbeit, denn Körperbehaarung fanden die Römer unschön. Masseure massierten Olivenöl in die Haut ein und schabten anschließend die Haut ab. Damit wurde man Schmutz und Haare los.

Aufgabe 1: *Suche die unterstrichenen Wörter aus dem Text in dem Suchsel.*

R	K	O	L	I	V	E	N	Ö	L	Ö	U	F	L	T	F	E	C	C	H	V	T
Ö	G	Ä	S	Q	W	Y	X	V	B	N	J	I	Z	T	R	O	P	A	A	Ü	H
M	Z	Ü	G	E	S	U	N	D	H	E	I	T	S	Z	E	N	T	R	U	M	E
E	E	M	K	P	Q	Y	X	V	A	N	M	N	D	S	A	H	L	B	T	B	R
R	U	H	Z	X	C	Q	B	M	A	S	S	E	U	R	E	M	K	E	Z	T	M
X	Y	A	W	T	Z	U	O	P	R	X	X	S	L	P	N	P	Z	I	F	G	E
H	H	A	A	R	Z	U	P	F	E	R	H	S	S	C	H	M	U	T	Z	H	N
Q	W	E	R	T	Z	U	O	P	Ü	A	S	D	F	G	H	J	K	L	Ö	Ä	Y

KOHL VERLAG DIE RÖMER AN STATIONEN Grundschule – Bestell-Nr. 11 970

Gesellschaftsspiele

Die Aussage des Cubus bedeutet frei übersetzt: „Auch wenn dir das Glück der Würfel günstig gesinnt ist, besiege ich dich mit der Überlegung." Gesellschaftsspiele hatten einen großen Stellenwert bei den Römern. Neben den großen öffentlichen Veranstaltungen wie Wagenrennen, Gladiatorenkämpfe oder Theater waren unzählige Brettspiele und Gesellschaftspiele beliebt, die zu zweit oder in kleinen Gruppen gespielt wurden.

Aufgabe 1: *Die alten Römer kannten bereits ein Spiel, das sie Tabula nannten. Wir spielen dieses Spiel in leicht abgewandelter Form heute immer noch. Wenn du wissen möchtest, wie dieses 2000 Jahre alt Spiel heutzutage genannt wird, dann verbinde die Namen der Brettspiele mit der passenden Anzahl an Spielfiguren.*

Mühle (C)	(M) 15 Spielfiguren
Halma (M)	(A) 16 Spielfiguren
Schach (G)	(N) 4 Spielfiguren
Dame (B)	(K) 9 Spielfiguren
Mensch ärgere dich nicht (O)	(A) 12 Spielfiguren

Lösungswort: _ _ _ _ _ _ _ _ _ _

KOHL VERLAG DIE RÖMER AN STATIONEN Grundschule – Bestell-Nr. 11 970

Entspannung und Freizeit

Fitness-Center

Lösungen

Aufgabe 1:

R		O	L	I	V	E	N	Ö	L			F							H		T
Ö												I						A	A		H
M			G	E	S	U	N	D	H	E	I	T	S	Z	E	N	T	R	U	M	E
E									A			N						B	T		R
R								M	A	S	S	E	U	R	E			E			M
									R			S						I			E
	H	A	A	R	Z	U	P	F	E	R		S	S	C	H	M	U	T	Z		N

Land und Leute

Gesellschaftsspiele

Lösungen

Aufgabe 1:

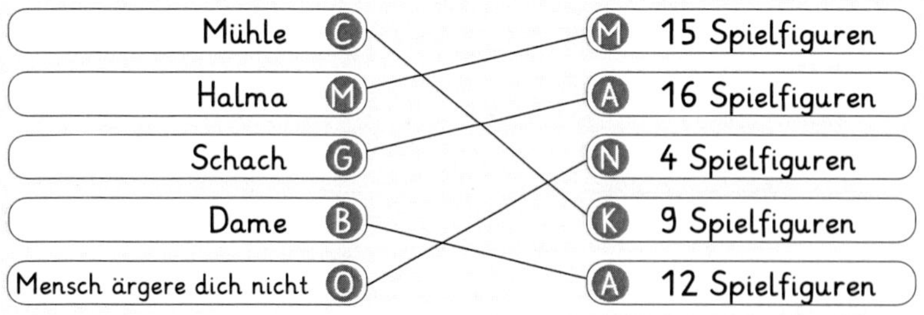

Lösungswort:

B A C K G A M M O N

★ Land und Leute

Gewicht = Wert

Dass wir mit dem Euro in vielen Ländern bezahlen können, ist nichts Neues. Das konnten die Römer auch. Nicht mit dem Euro, aber mit ihrem **Denar**, dem Geld des Römischen Reiches. Auf der Vorderseite war der Kaiser abgebildet, auf der Rückseite befand sich eine Botschaft, z. B. die Nachricht über einen Sieg. Der Wert der Münze richtete sich nach ihrem Gewicht.

Aufgabe 1: *Lies die Währungstabelle.*

Aufgabe 2: *Rechne aus, was man in Euro bezahlen müsste oder verdienen würde. Notiere ins Heft.*

1 As	=	0,05 €
1 Sesterzius	=	0,20 €
1 Denarius	=	0,80 €
1 Aureus	=	20.00 €

Tonschüssel	30 Asse	Sandalen	5 Sestertii	1 Fass Bier	6 Denarii
Soldat pro Jahr	300 Denarii	1 Toga	5 Aureus	Papyrus	50 Sesterzii
Soldat pro Jahr	300 Denarii	1 Toga	5 Aureus	Papyrus	50 Sesterzii
Arbeiter / Monat	1 Aureus	1 Liter Most	3 Asse	Kilo Oliven	20 Denarii

KOHL VERLAG DIE RÖMER AN STATIONEN Grundschule – Bestell-Nr. 11 970

★ Land und Leute

Geprüfte Gewichte

Im ganzen Römischen Reich gab es festgelegte Gewichte. Damit die Kunden beim Kauf von Waren nicht betrogen wurden, gab es Prüfer, die die Waagen der Händler kontrollierten. Auch bei uns muss jede Waage das genaue Gewicht anzeigen. Es dürfen nur **geeichte** Waagen verwendet werden.

Aufgabe 1: *Lies die Umrechnungstabelle.*

Aufgabe 2: *Rechne in Gramm um und schreibe die Umrechnung ins Heft.*

1 Unica			=	27 g
1 Quadran	=	3 Unicae	=	82 g
1 Libra	=	12 Unicae	=	328 g

3 Quadrans saure Sahne	4 Quadrans Schokolade	1 Quadran + 1 Uncia Zucker
11 Unicae Mehl	6 Unicae Bonbons	1 Libra + 1 Unica Butter
2 Quadrans + 1 Unica Milch	1 Unica + 1 Libra Obst	12 Libra Braten
1 Libra Kekse	5 Quadrans Waffeln	2 Unciae Hefe
24 Unicae Kohl	½ Unica Backpulver	2 Quadrans Puddingulver
½ Unicae Vanillezucker	3 Libra Äpfel	10 Unciae Salami

KOHL VERLAG DIE RÖMER AN STATIONEN Grundschule – Bestell-Nr. 11 970

Land und Leute

Gewicht = Wert

Lösungen

Aufgabe 2:

Tonschüssel	1,50 €	Sandalen	1 €	1 Fass Bier	4,80 €
Soldat pro Jahr	240 €	1 Toga	100 €	Papyrus	10 €
1 Liter Wein	0,25 €	1 Fladenbrot	0,10 €	Wachstafel	0,20 €
Arbeiter / Monat	20 €	1 Liter Most	0,15 €	Kilo Oliven	16 €

Land und Leute

Geprüfte Gewichte

Lösungen

Aufgabe 2:

246 g saure Sahne	328 g Schokolade	109 g Zucker
297 g Mehl	162 g Bonbons	355 g Butter
191 g Milch	355 g Obst	3936 g Braten
328 g Kekse	410 g Waffeln	54 g Hefe
648 g Kohl	13,5 g Backpulver	164 g Puddingpulver
13,5 g Vanillezucker	984 g Äpfel	270 g Salami

Land und Leute

Müllbeseitigung

In Rom waren Mülltonnen unbekannt. Man warf den Abfall aus dem Fenster auf die Straße. Bei Regen wurde der Untergrund glitschig und man musste aufpassen, dass man den Müll nicht aus den oberen Fenstern auf den Kopf bekam. Damit man beim Überqueren der Straße nicht knöcheltief durch den Müll laufen musste, lagen Trittsteine von einer Seite zur anderen.

Aufgabe 1: *Die Vorschriften sind falsch. Schreibe sie richtig ins Heft.*

a) Wirf verschiedene Abfälle in nur eine Mülltonne.
b) Wirf Abfälle in Flüsse, Seen und Meere.
c) Entsorge deinen Müll in Wäldern.
d) Wirf Papier auf die Straße.
e) Verbrenne Abfälle im Garten.
f) Gib Glas und Kunststoff unter den Kompost.
g) Vergrabe ausgelaufenes Öl aus dem Auto in der Erde.
h) Schiffe dürfen Öl im Meer ablassen.
i) Entsorge Plastiktüten in Flüsse, Seen und Bäche.
j) Leere Farbeimer gehören in den Hausmüll.

KOHL VERLAG DIE RÖMER AN STATIONEN Grundschule – Bestell-Nr. 11 970

Land und Leute

Kein Gefängnis

In der Mitte Roms lag das Forum Romanum. Um einen Platz standen das Gerichts- und Regierungsgebäude und viele Tempel. Die Urteile bei Gericht sprachen ein Richter und die Geschworenen. Die Römer mussten nicht ins Gefängnis. Es gab auch keine, weil sie bei der Art der Strafen keine brauchten.

Aufgabe 1: *Streiche die Strafen durch, die es in Rom nicht gab.*

a) Leute, die Steuern nicht bezahlten, mussten hohe Geldbußen bezahlen.
b) Betrüger wurden öffentlich auf dem Platz ausgepeitscht.
c) Betrüger durften andere Leute weiter betrügen.
d) Mörder erhielten die Todesstrafe und wurden sofort hingerichtet.
e) Schläger mussten zur Strafe in unterirdischen Minen arbeiten.
f) Dieben schlug man die Hände ab.
g) Leute, die anderen Geld schuldeten, kamen ins Gefängnis.

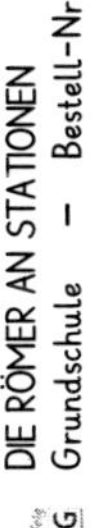

KOHL VERLAG DIE RÖMER AN STATIONEN Grundschule – Bestell-Nr. 11 970

Müllbeseitigung

Lösungen

Aufgabe 1:
a) Wirf keine verschiedenen Abfälle in nur eine Mülltonne.
b) Wirf Abfälle nicht in Flüsse, Seen und Meere.
c) Entsorge deinen Müll nicht in Wäldern.
d) Wirf kein Papier auf die Straße.
e) Verbrenne keine Abfälle im Garten.
f) Gib kein Glas und Kunststoff unter den Kompost.
g) Vergrabe kein ausgelaufenes Öl aus dem Auto in der Erde.
h) Schiffe dürfen Öl nicht im Meer ablassen.
i) Entsorge keine Plastiktüten in Flüsse, Seen und Bächen.
j) Leere Farbeimer gehören nicht in den Hausmüll.

Land und Leute

Kein Gefängnis

Lösungen

Aufgabe 1:
a) Leute, die Steuern nicht bezahlten, mussten hohe Geldbußen bezahlen.
b) Betrüger wurden öffentlich auf dem Platz ausgepeitscht.
~~c) Betrüger durften andere Leute weiter betrügen.~~
d) Mörder erhielten die Todesstrafe und wurden sofort hingerichtet.
e) Schläger mussten zur Strafe in unterirdischen Minen arbeiten.
f) Dieben schlug man die Hände ab.
~~g) Leute, die anderen Geld schuldeten, kamen ins Gefängnis.~~

DIE RÖMER AN STATIONEN

Rom wird Weltstadt

Land und Leute

Aufgabe 1: *Setze die passenden Wörter in die Lücken.*

Gebieten – Umland – Ozean – Provinzen – Handel – Straßen – eroberten – Schwarze – Waren – Rom

Immer mehr Leute zogen nach Rom, sodass die Lebensmittel, die aus dem ____________ kamen, nicht mehr ausreichten. Aber das Römische Reich bestand aus 100 ________________ Provinzen. Alle ________________ waren durch Straßen verbunden, die die Soldaten bei der Eroberung gebaut hatten. Pferdefuhrwerke konnten diese ____________ bequem benutzen, um ______________ mit Lebensmitteln und anderen ________________ auch aus weit entfernten ____________ zu versorgen. Segelschiffe brachten Waren über das Mittelmeer, das __________________ Meer und den Atlantischen __________________. Aber nicht nur Rom wurde versorgt, sondern die Provinzen trieben ______________ untereinander.

Aufgabe 2: *In diesen Amphoren wurde Wein und Olivenöl transportiert. Warum hatten die Tongefäße diese schlanke Form? Notiere.*

Der Kalender des Julius

Land und Leute

Julius Cäsar, Herrscher des Römischen Reiches, stellte vor über 2000 Jahren einen neuen Kalender auf. Er wurde nach ihm der **Julianische Kalender** genannt. Das Jahr dauerte vom 1. Januar bis zum 31. Dezember, hatte 365 Tage und alle 4 Jahre einen Schalttag. Das Datum wurde etwas kompliziert berechnet und geschrieben. Die Römer hatten feste Tage im Kalender. Für das Datum wurde von festen Tagen rückwärts gezählt. *Bsp.: III Nonae Aprilis = 3 Tage vor dem 5. April = der 2. April*

Die Nonen (Nonae):	Die Kalenden (Kalendae):	Die Iden (Idus):
7. Tag: März, Mai, Juli, Oktober 5. Tag: Januar, Februar, April, Juni, August, September, November, Dezember	1. Tag in allen Monaten	15. Tag: März, Mai, Juli, Oktober 13. Tag: Januar, Februar, April, Juni, August, September, November, Dezember

Aufgabe 1: *Schreibe die Kalendertage nach unserem Kalender ins Heft.*

a) II Kalandae maius b) IIII dus martius c) I Nonae december

Aufgabe 2: *Schreibe die Kalendertage wie im Julianischen Kalender ins Heft.*

a) 27. Oktober b) 12. Juni – 25. Juni c) 8. Januar

! **Land und Leute**

Rom wird Weltstadt

Lösungen

Aufgabe 1: Immer mehr Leute zogen nach Rom, sodass die Lebensmittel, die aus dem **Umland** kamen, nicht mehr ausreichten. Aber das Römische Reich bestand aus 100 **eroberten** Provinzen. Alle **Provinzen** waren durch Straßen verbunden, die die Soldaten bei der Eroberung gebaut hatten. Pferdefuhrwerke konnten diese **Straßen** bequem benutzen, um **Rom** mit Lebensmitteln und anderen **Waren** auch aus weit entfernten **Gebieten** zu versorgen. Segelschiffe brachten Waren über das Mittelmeer, das **Schwarze** Meer und den Atlantischen **Ozean**. Aber nicht nur Rom wurde versorgt, sondern die Provinzen trieben **Handel** untereinander.

Aufgabe 2: Die Amphoren hatten diese schlanke Form, weil man sie so ohne Platzverlust transportieren konnte.

 **Land und Leute**

Der Kalender des Julius

Lösungen

Aufgabe 1:
a) 29. April – II Kalandae maius – 1. Mai war ein fester Tag minus 2 Tage
b) 12. März – III Idus martius – 12. März war ein fester Tag minus 3 Tage
c) 4. Dezember – I Nonae december – 5. Dezember war ein fester Tag minus 1 Tag

Aufgabe 2:
a) 27. Oktober – IV Kalendae November – 1. November war ein fester Tag minus 4 Tage
b) 12. Juni–25. Juni – I Idus Juni – 13. Juni war ein fester Tag minus 1 Tag
c) 8. Januar – V Idus Januar – 13. Januar war ein fester Tag minus 5 Tage

Land und Leute

Römische Gewerkschaft

In Rom gab es viele Handwerksbetriebe. Die Söhne erlernten das Handwerk beim Vater und führten später das Geschäft weiter. Handwerker ohne eigenen Betrieb arbeiteten gegen Lohn bei einem Meister. Es gab schon eine **Gewerkschaft**, die **Collegia** hieß. Die Mitglieder berieten über Löhne, Preise und trafen andere Absprachen.

Aufgabe 1: *Ziehe Verbindungslinien vom Handwerk zur passenden Tätigkeit.*

Der Tischler	○	○	Farben ansetzen, Stoffe färben
Der Goldschmied	○	○	Schwerter, Pfannen, Werkzeuge herstellen
Der Kesselflicker	○	○	Fensterscheiben und Glasgefäße herstellen
Der Tuchwalker	○	○	Holzkohle in einem Meiler herstellen
Der Färber	○	○	Betten, Truhen, Schränke herstellen
Der Glasbläser	○	○	Kessel und Schalen flicken
Der Ziegelbrenner	○	○	Zaumzeug + Sättel herstellen
Der Schmied	○	○	Schmuck und Verzierungen herstellen
Der Sattler	○	○	Tuche / Stoffe herstellen
Der Köhler	○	○	Kleidungsstücke reinigen / reparieren
Der Weber	○	○	Ziegelsteine aus Lehm herstellen und brennen

KOHL VERLAG DIE RÖMER AN STATIONEN Grundschule – Bestell-Nr. 11 970

Land und Leute

Beton im Ziegelmantel

Die römischen Baumeister errichteten großartige Bauwerke, die teilweise sogar bis heute noch erhalten sind. Sie hatten eine bahnbrechende Erfindung gemacht: Sie konnten schon **Beton oder Zement** herstellen, den sie **opus caementicium** nannten. Da der neue Baustoff wenig Gewicht besaß und sehr fest wurde, konnten die Römer hohe Bauwerke errichten. Dazu mauerten sie zuerst einen Mantel aus Ziegelsteinen und füllten diesen dann mit Beton. War der Beton fest, wurde der Ziegelmantel weiter in die Höhe gemauert und wieder verfüllt. Mit einem Senkblei überprüften sie, ob sie gerade gemauert hatten.

Aufgabe 1: *Beantworte die Fragen schriftlich in vollständigen Sätzen. Schreibe ins Heft.*

a) Welchen wichtigen Baustoff hatten die Römer erfunden?
b) Was nannten sie opus caementicium?
c) Welche Vorteile besaß der neue Baustoff?
d) Mit welchen zwei Arbeitsschritten bauten die Römer den ersten Teil der Mauer?
e) Welche Arbeitsschritte folgten, um die Mauer zu erhöhen?
f) Womit überprüften sie, ob die Mauer genau senkrecht gemauert war?

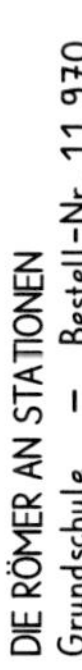

!

Römische Gewerkschaft

Lösungen

Aufgabe 1:

Der Tischler	Farben ansetzen, Stoffe färben
Der Goldschmied	Schwerter, Pfannen, Werkzeuge herstellen
Der Kesselflicker	Fensterscheiben und Glasgefäße herstellen
Der Tuchwalker	Holzkohle in einem Meiler herstellen
Der Färber	Betten, Truhen, Schränke herstellen
Der Glasbläser	Kessel und Schalen flicken
Der Ziegelbrenner	Zaumzeug + Sättel herstellen
Der Schmied	Schmuck und Verzierungen herstellen
Der Sattler	Tuche / Stoffe herstellen
Der Köhler	Kleidungsstücke reinigen / reparieren
Der Weber	Ziegelsteine aus Lehm herstellen und brennen

DIE RÖMER AN STATIONEN
KOHL VERLAG

Beton im Ziegelmantel

Lösungen

Aufgabe 1:

a) Die Römer erfanden den Beton oder Zement.
b) So nannten die Römer den neuen Baustoff.
c) Der neue Baustoff war leicht und trocknete sehr schnell.
d) Zuerst mauerten sie einen Mantel aus Ziegelsteinen, den sie dann im Innern mit Beton verfüllten.
e) War der 1. Teil der Mauer ausgetrocknet, wurde ein neuer Ziegelmantel errichtet und mit Beton verfüllt.
f) Sie benutzten ein Senkblei, um die Mauer zu überprüfen.

DIE RÖMER AN STATIONEN
KOHL VERLAG

Land und Leute

B(G)erüchtigte Bootsfahrt

!

Die **Wasserleitungen** der Römer waren eine bauliche Meisterleistung. Die längste war 243 Kilometer. Sie führte das Wasser durch unterirdische Blei- und Steinrohre. War beim Bau ein Tal im Weg, bauten sie eine Art Brücke. Diese **Aquädukte** kann man heute noch sehen. In den Städten gab es Wasserspeicher, von denen Wasserrohre in die Haushalte führten. Abwasserkanäle brachten das Schmutzwasser aus den Städten. Kontrolleure konnten die stinkenden Kanäle mit einem Boot befahren.

Aufgabe 1: *Berechne und notiere das Ergebnis ins Heft.*

1 Pes (Fuß)	= 30 cm
1 Passus (Doppelschritt)	= 1,5 m
1 Mille passus (Meile)	= 1,5 km

a) Ein Römer konnte 400 l Wasser pro Tag verbrauchen. Wie viele 10 l-Eimer sind das?
b) Eine Wasserleitung war 3 Fuß breit und 5 Fuß hoch. Rechne in Zentimeter um.
c) Rechne die längste Wasserleitung in Meilen aus.
d) Ein Aquädukt ist 120 m hoch. Wie viele Doppelschritte sind das?

Land und Leute

Straßennetze

!

Bei der Eroberung der römischen Provinzen bauten die Soldaten Straßen, um Kriegsgerät und die große Armee bequemer befördern zu können. Einige der Straßen sind heute noch zu sehen, andere hat man auf den Straßen der Römer aufgebaut.

Aufgabe 1: *Fülle den Lückentext aus.*

Sand – Erde – Kieselsteine – Armee – Provinzen –
Straßennetz – Nachschub – Kies

Das gut ausgebaute ______________ ermöglichte eine schnelle Beförderung von Waren in und aus weit entfernten ______________ des Römischen Reichs. Die ______________ konnte über eine bereits vorhandene Straße schnell an einen Kriegsschauplatz gelangen und ______________ bekommen. Die Straßen wurden von den Soldaten gebaut. Zuerst wurde ______________ ausgehoben. Dann schüttete man ______________ in den Aushub. Anschließend füllte man eine Mischung aus Sand und kleinem ______________ darüber. Danach legte man eine Schicht ______________ über die Mischung, bevor die Pflastersteine verlegt wurden.

B(G)erüchtigte Bootsfahrt

! **Land und Leute**

Lösungen

Aufgabe 1:
a) Ein Römer konnte 40 Eimer Wasser am Tag verbrauchen.
b) Eine Wasserleitung war 90 cm breit und 150 cm hoch.
c) Die Länge der Wasserleitung beträgt 162 Mille passus (Meilen). (243 : 1,5 = 162)
d) Man würde 80 Doppelschritte für die Höhe benötigen. (120 : 1,5 = 80)

Straßennetze

! **Land und Leute**

Lösungen

Aufgabe 1: Das gut ausgebaute **Straßennetz** ermöglichte eine schnelle Beförderung von Waren in und aus weit entfernten **Provinzen** des Römischen Reichs. Die **Armee** konnte über eine bereits vorhandene Straße schnell an einen Kriegsschauplatz gelangen und **Nachschub** bekommen. Die Straßen wurden von den Soldaten gebaut. Zuerst wurde **Erde** ausgehoben. Dann schüttete man **Kieselsteine** in den Aushub. Anschließend füllte man eine Mischung aus Sand und kleinem **Kies** darüber. Danach legte man eine Schicht **Sand** über die Mischung, bevor die Pflastersteine verlegt wurden.

Gesundheitswesen

✶ Land und Leute

Aufgabe 1: *Bringe die Fragen an die Römer passend zu den Antworten im Heft in die richtige Reihenfolge.* 

Gab es schon Medikamente?	Ja. Die ersten dieses Berufs waren Einwanderer aus Griechenland. Der Beruf war schlecht angesehen. Kein Römer wollte ihn machen.
Gab es schon eine Narkose?	Ja. Man nähte Wunden und richtete Knochenbrüche. Man operierte an Organen im Körper, was aber kaum ein Patient überlebte.
Gab es schon Ärzte?	Ja. Heilkräuter wurden zu Pillen, Säften, Tinkturen und Salben verarbeitet. Man wusste, welche Heilkräuter wogegen halfen.
Gab es schon Operationen?	Nein. Rom bezahlte Ärzte, die die Soldaten und die Armen versorgten. Die Reichen mussten selbst bezahlen.
Gab es schon eine Krankenkasse?	Ja. Aber das war keine, wie wir sie kennen. Ein Schwamm wurde mit Mohnsaft getränkt. Das machte den Patienten schläfrig.

Aufgabe 2: *Welche Heilkräuter gab es? Schreibe die Namen richtig ins Heft.* 

nechleF – labieS – rinmasoR – illeKma – essileM – mainThy – liesiterPe – Retau

DIE RÖMER AN STATIONEN Grundschule – Bestell-Nr. 11 970
KOHL VERLAG

Sein Geschäft erledigen

! Land und Leute

Eine eigene Toilette gab es in den Häusern nicht. Die Römer benutzten eine Gemeinschaftstoilette, die Latrine. Unter den Sitzen floss Wasser und spülte alles weg. Männer und Frauen saßen nicht getrennt. Klopapier gab es noch nicht. Die Römer benutzten Schwämme an einem Stöckchen, die nach dem Gebrauch unter fließendem Wasser ausgewaschen wurden. Die Römer fanden es gemütlich, gemeinsam auf der Latrine zu sitzen und dabei noch so manches „Geschäft zu erledigen oder zu besprechen".

Aufgabe 1: *Schreibe ein Akrostichon zu dem Text.*

L	
A	
T	
R	
I	
N	
E	
N	

DIE RÖMER AN STATIONEN Grundschule – Bestell-Nr. 11 970
KOHL VERLAG

Gesundheitswesen

★ Land und Leute

Lösungen

Aufgabe 1:

a) Gab es schon Medikamente?
Ja. Heilkräuter wurden zu Pillen, Säften, Tinkturen und Salben verarbeitet. …

b) Gab es schon eine Narkose?
Ja. Aber das war keine, wie wir sie kennen. Ein Schwamm wurde mit …

c) Gab es schon Ärzte?
Ja. Die ersten dieses Berufs waren Einwanderer aus Griechenland. …

d) Gab es schon Operationen?
Ja. Man nähte Wunden und richtete Knochenbrüche. Man operierte …

e) Gab es schon eine Krankenkasse?
Nein. Rom bezahlte Ärzte, die die Soldaten und die Armen versorgten. …

Aufgabe 2: Fenchel – Salbei – Rosmarin – Kamille – Melisse – Thymian – Petersilie – Raute

Sein Geschäft erledigen

! Land und Leute

Lösungen

Aufgabe 1: *Textvorschlag*

L	atrinen waren Gemeinschaftstoiletten
A	auf denen man gemütlich sitzen konnte
T	oilettenpapier gab es noch nicht
R	ichtig sauber wurde man mit dem Schwämmchen an einem Stöckchen
I	n den Häusern gab es keine eigenen Toiletten
N	eue Geschäfte konnte man beim gemütlichen Sitzen besprechen
E	in Geschäft konnte man da erledigen
N	eue Bekanntschaften konnte man schließen

Land und Leute

Ein Bogen für den Triumph

Aufgabe 1: *In dem Text befinden sich zehn Rechtschreibfehler. Markiere sie und schreibe ihn richtig ins Heft.*

Siegreiche Feldheren zogen gerne in einem Triumphzug durch die Stat und ließen sich vom Volg feiern. Dabei zogen sie durch einen Triumphbogen zum Kapitol, um sich bei Jupiter, dem Oberhaupt der Götter, zu bedanken. Einige Triumphbögen wurden aus Stain errichtet und standen als stete Erinerung für einen siegreichen Feldzug da. Er enthielt eine Inchrift, die den Sieger und seine Heldentad nannte. Reliefs zeigten Bilder aus der Schlachd. In dem Triumphzug wurde die Beute gezeigt und Kriegsgefangene mitgeführt. Der Siger trug eine purpurrote Toga und hatte sein Gesicht mit Purpur bemalt und zeigt damit, dass er in diesem Moment ein Got ist.

Hinter dem Sieger stand ständig ein Sklave, der einen Eichenlaubkranz über dessen Kopf hielt und immer wieder sagte: „Denke daran, dass auch du nur ein Mensch bist."

Aufgabe 2: *Was bedeutete die Ermahnung? Notiere deine Idee ins Heft.*

Land und Leute

Römische Wörter

Die Römer sprachen Latein. Viele lateinische Begriffe sind in unsere deutsche Sprache übernommen worden. Dabei veränderten sich manche von ihnen kaum. So wurde beispielsweise aus **fenestra** das Wort Fenster.

Aufgabe 1: *Ordne den deutschen Wörtern die richtigen lateinischen Begriffe zu.*

corpus	○	○	Scheibe
kista	○	○	Keller
schola	○	○	Familie
murus	○	○	Kiste
familia	○	○	Mauer
carrus	○	○	neu
novus	○	○	Karren
discus	○	○	Schule
pirata	○	○	Seeräuber
cellarium	○	○	Körper

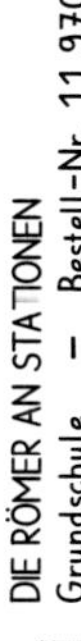

KOHL VERLAG DIE RÖMER AN STATIONEN Grundschule – Bestell-Nr. 11 970

Ein Bogen für den Triumph

! **Land und Leute**

Lösungen

Aufgabe 1: Siegreiche **Feldherren** zogen gerne in einem Triumphzug durch die **Stadt** und ließen sich vom **Volk** feiern. Dabei zogen sie durch einen Triumphbogen zum Kapitol, um sich bei Jupiter, dem Oberhaupt der Götter, zu bedanken. Einige Triumphbögen wurden aus **Stein** errichtet und standen als stete **Erinnerung** für einen siegreichen Feldzug da. Er enthielt eine **Inschrift**, die den Sieger und seine **Heldentat** nannte. Reliefs zeigten Bilder aus der **Schlacht**. In dem Triumphzug wurde die Beute gezeigt und Kriegsgefangene mitgeführt. Der **Sieger** trug eine purpurrote Toga und hatte sein Gesicht mit Purpur bemalt und zeigt damit, dass er in diesem Moment ein **Gott** ist.

Aufgabe 2: Der Sieger sollte daran erinnert werden, sich nicht auf Dauer für einen Gott zu halten. Der Eichenlaubkranz war das Wahrzeichen für das Oberhaupt der Götter, Jupiter.

DIE RÖMER AN STATIONEN
KOHL VERLAG

Römische Wörter

Land und Leute

Lösungen

Aufgabe 1:

corpus
kista
schola
murus
familia
carrus
novus
discus
pirata
cellarium

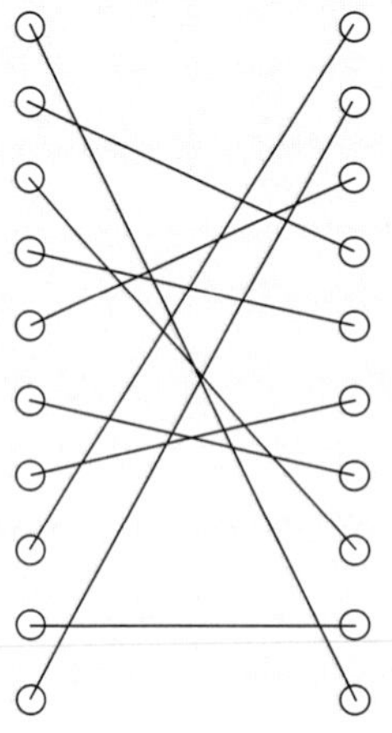

Scheibe
Keller
Familie
Kiste
Mauer
neu
Karren
Schule
Seeräuber
Körper

DIE RÖMER AN STATIONEN
KOHL VERLAG

Land und Leute

!

Römer-ABC

Aufgabe 1: *Ordne den Erklärungen die passenden Begriffe zu.*

Forum – Christentum – Gladiator – Legion – Amphitheater
Mosaik – Viadukt – Basilika – Aquädukt – Atrium

a)	hier fanden die Gladiatoren- und Tierkämpfe statt	
b)	Wasserleitungen aus Röhren und Kanälen	
c)	Innenhof eines römischen Hauses	
d)	großes, prachtvolles Verwaltungsgebäude	
e)	entstand vor 2000 Jahren	
f)	großer Platz im Stadtzentrum	
g)	Kämpfer	
h)	Einheit im römischen Heer	
i)	Bild aus vielen kleinen Steinchen	
j)	lange, steinerne Brücke	

Schutz und Sicherheit

Erfolgreiche Legionäre

Die römischen **Soldaten** oder **Legionäre** haben sehr erfolgreich ausländische Gebiete erobert, die dann römische Provinzen wurden. Sie waren deshalb so siegreich, weil sie eine Berufsarmee waren und eine harte Ausbildung bekamen. Die Römer gingen fair mit den neuen Völkern um. Sie durften ihre Religionen und Bräuche behalten, mussten aber die Gesetze Roms anerkennen.

Aufgabe 1: *Ziehe Verbindungslinien zur Ausrüstung.*

Der Helm war Kopfschutz. An ihm konnte man den Rang des Legionärs erkennen.

Der Gürtel mit Lederstreifen schützte den Unterleib.

Der Brustpanzer bestand aus Metallstreifen.

Die Sohlen der Sandalen waren gegen Abnutzung mit Nägeln beschlagen.

KOHL VERLAG DIE RÖMER AN STATIONEN Grundschule – Bestell-Nr. 11 970

Römer-ABC

Land und Leute

Lösungen

Aufgabe 1:

a)	hier fanden die Gladiatoren- und Tierkämpfe statt	**Amphitheater**
b)	Wasserleitungen aus Röhren und Kanälen	**Aquädukt**
c)	Innenhof eines römischen Hauses	**Atrium**
d)	großes, prachtvolles Verwaltungsgebäude	**Basilika**
e)	entstand vor 2000 Jahren	**Christentum**
f)	großer Platz im Stadtzentrum	**Forum**
g)	Kämpfer	**Gladiator**
h)	Einheit im römischen Heer	**Legion**
i)	Bild aus vielen kleinen Steinchen	**Mosaik**
j)	lange, steinerne Brücke	**Viadukt**

Erfolgreiche Legionäre

Schutz und Sicherheit

Lösungen

Aufgabe 1:

Der Helm war Kopfschutz. An ihm konnte man den Rang des Legionärs erkennen.

Der Gürtel mit Lederstreifen schützte den Unterleib.

Der Brustpanzer bestand aus Metallstreifen.

Die Sohlen der Sandalen waren gegen Abnutzung mit Nägeln beschlagen.

Armeeeinheiten

Aufgabe 1: *Berechne die Größe der Einheiten.*

Ein römischer Legionär trug 30 Kilogramm Marschgepäck. Das waren Kochgeschirr, Wolldecke, Waffen und Lebensmittel. Am Tag marschierten die Soldaten 30 Kilometer.

Die römische Armee war in Einheiten eingeteilt. Das Bild zeigt dir die kleinste Einheit, die **Zenturie**.

1 Zenturie =		____ Soldaten
1 Kohorte =	6 Zenturien =	____ Soldaten
1 Legion =	10 Kohorten =	____ Soldaten

Aufgabe 2: *Berechne.*

a) Wie viele Tage war die Legion unterwegs bei einem Weg von 1500 km?

b) Wie hoch war das Gewicht des Marschgepäcks einer ganzen Legion?

c) Bei einer Schlacht wurden 3 Legionen und 4 Kohorten eingesetzt. Wie viele Soldaten waren das?

Wehrhafte Schildkröte

Die römischen Soldaten tricksten beim Vorrücken gegen den Feind. Sie bildeten mit ihren Schilden eine **Schildkröte**.

Aufgabe 1: *Welche Vorteile hatte die Schildkröte gegenüber einer offenen Kampfweise? Notiere.*

____

____

Jede Legion hatte einen goldenen **Adler** (Aquila) als Feldzeichen, der im Kampf von dem **Aquilifer** getragen wurde. Der Verlust des Feldzeichens war eine Schande für die Legion.

Aufgabe 2: *Welches Bundesland hat einen Adler im Wappen?*

____

Schutz und Sicherheit

Armeeeinheiten

Lösungen

Aufgabe 1:

1 Zenturie =	80	Soldaten
1 Kohorte = 6 Zenturien =	480	Soldaten
1 Legion = 10 Kohorten =	**4 800**	Soldaten

Aufgabe 2:

a) Die Soldaten waren **50** Tage unterwegs. (1500 : 30 = 50)

b) Das Gewicht des gesamten Gepäcks der ganzen Legion betrug **144.000** kg (4800 x 30 = 144.000)

c) Insgesamt waren **16.320** Soldaten im Einsatz. (3 x 4800 = 14.400 4 x 480 = 1920 14.400 + 1920 = 16.320)

Schutz und Sicherheit

Wehrhafte Schildkröte

Lösungen

Aufgabe 1:

> Die Soldaten konnten unter der Schildkröte gegen den Feind vorrücken, ohne verletzt zu werden.

> Die Feinde haben sich erschreckt, wenn solch ein seltsames Ding auf sie zukam.

> Die Feinde wussten nicht, wie sie die Schildkröte angreifen sollten.

Aufgabe 2: Brandenburg – Mecklenburg-Vorpommern – Sachsen-Anhalt

Großwaffen

★

Jeder **Legionär** (Soldat) besaß einen Speer, Dolch und ein Schwert als Waffe für den Kampf auf offenem Feld. Doch wenn sich der Feind hinter hohen Stadtmauern verschanzte, brauchte die Armee andere Waffen.

Aufgabe 1: *Schreibe ins Heft, wie die Großwaffen eingesetzt wurden.* 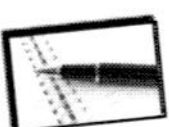

Angriffsturm

Sturmbock

Katapult

fahrbare Schutzwand

KOHL VERLAG DIE RÖMER AN STATIONEN Grundschule – Bestell-Nr. 11 970

Schutz und Sicherheit

Wie ein Ei dem anderen

!

Sobald ein größeres Gebiet erobert worden war, bauten die römischen Soldaten ein Lager (**Kastell**). Dafür gab es nur einen Bauplan und so glichen alle Kastelle wie ein Ei dem anderen.

Aufgabe 1: *Ordne die Arbeiten in der richtigen Reihenfolge. Schreibe den Text ins Heft.* 

a)	Die Kreuzung wurde zu einem Rechteck erweitert. Das war der Marktplatz.
b)	Zuletzt wurden die Zelte für die Soldaten nebeneinander in die vier Rechtecke gestellt.
c)	Zuerst wurde die Fläche für die Größe des Kastells abgesteckt.
d)	Die Soldaten verteilten sich um die Fläche und hoben einen Graben aus.
e)	Auf dem Marktplatz wurden dann die Zelte des Feldherrn und Zahlmeisters errichtet.
f)	Dann legten die Soldaten zwei schnurgerade Straßen an, die sich in der Mitte des Lagers kreuzten.
g)	Auf dem Schutzwall wurden Holzpfähle zu einem Schutzzaun eingeschlagen.
h)	Dabei wurde die Erde nach innen zu einem Schutzwall aufgetürmt.

KOHL VERLAG DIE RÖMER AN STATIONEN Grundschule – Bestell-Nr. 11 970

Schutz und Sicherheit

Großwaffen

Lösungen

Aufgabe 1:

> Das Katapult wurde wie eine Steinschleuder eingesetzt. Dicke Steinbrocken wurden aufgelegt und auf die feindlichen Mauern geschossen.

> Der Angriffsturm war so hoch wie eine Stadtmauer. Er wurde herangefahren.
Dann wurde die Zugbrücke, die sich oben an dem Turm befand, über die Stadtmauer gelegt.

> Im Schutz der Holzwand fuhren Soldaten auf die feindliche Stadt zu, ohne selbst in Gefahr zu geraten. Durch die Schlitze konnte man Speere schießen.

> Der Sturmbock hatte einen Pfahl, der vor und zurück geschwungen werden konnte. Damit rammten die Soldaten die Holztore einer Stadt ein.

Schutz und Sicherheit

Wie ein Ei dem anderen

Lösungen

Aufgabe 1:

c)	Zuerst wurde die Fläche für die Größe des Kastells abgesteckt.
d)	Die Soldaten verteilten sich um die Fläche und hoben einen Graben aus.
h)	Dabei wurde die Erde nach innen zu einem Schutzwall aufgetürmt.
g)	Auf dem Schutzwall wurden Holzpfähle zu einem Schutzzaun eingeschlagen.
f)	Dann legten die Soldaten zwei schnurgerade Straßen an, die sich in der Mitte des Lagers kreuzten.
a)	Die Kreuzung wurde zu einem Rechteck erweitert. Das war der Marktplatz.
e)	Auf dem Marktplatz wurden dann die Zelte des Feldherrn und Zahlmeisters errichtet.
b)	Zuletzt wurden die Zelte für die Soldaten nebeneinander in die vier Rechtecke gestellt.

★

Der Limes

Nachdem ein Teil Germaniens erobert worden war, bauten die römischen Soldaten einen 550 Kilometer langen Schutzwall, den **Limes**. Er bestand aus Holzpfählen, Mauern und Wachtürmen. Insgesamt 20.000 Soldaten bewachten die Grenze zum feindlichen Nachbarn. Die Legionäre lebten in Lagern (**Kastellen**), aus denen später viele Städte entstanden sind.

Aufgabe 1: *Zähle zehn Kastelle auf, aus denen Städte entstanden sind.*

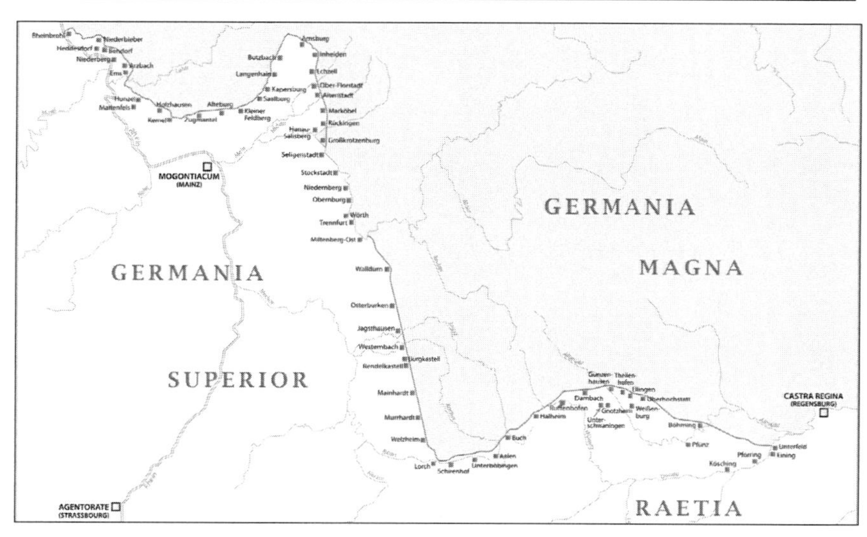

Schutz und Sicherheit

!

Polizei vor Ort

In jedem Stadtviertel Roms gab es eine Polizeiwache. Das war auch nötig, denn die Römer hielten sich ungern an Gesetz und Ordnung, weil sie sich den Bewohnern der Provinzen überlegen fühlten. Die Aufgaben der Polizei waren vielfältig.

Aufgabe 1: *Streiche die Aufgaben durch, die die Polizei in der heutigen Zeit nicht mehr hat.*

a)	Überwachung von großen Versammlungen.
b)	Überwachung von Gewichtssteinen bei Händlern.
c)	Bekämpfung des ungesetzlichen Glücksspiels.
d)	Niederschlagung von Aufständen.
e)	Bekämpfung von Diebstählen.
f)	Überwachung der Verkehrsregeln.
g)	Überwachung vom Zustand der Kutschen.
h)	Überwachung von öffentlichen Bädern.
i)	Abfallsünder aufspüren.
j)	Niederschlagung von Prügeleien.

KOHL VERLAG – DIE RÖMER AN STATIONEN Grundschule – Bestell-Nr. 11 970

Der Limes ✶

Schutz und Sicherheit

Lösungen

Aufgabe 1: *Textvorschlag*

Gunzenhausen – Aschaffenburg – Bad Hönningen – Neuwied – Bad Ems – Butzbach – Jagsthausen – Miltenberg – Lorch – Aalen

Polizei vor Ort !

Schutz und Sicherheit

Lösungen

Aufgabe 1:

a)	Überwachung von großen Versammlungen.
b)	~~Überwachung von Gewichtssteinen bei Händlern.~~
c)	Bekämpfung des ungesetzlichen Glücksspiels.
d)	Niederschlagung von Aufständen.
e)	Bekämpfung von Diebstählen.
f)	Überwachung der Verkehrsregeln.
g)	~~Überwachung vom Zustand der Kutschen.~~
h)	~~Überwachung von öffentlichen Bädern.~~
i)	Abfallsünder aufspüren.
j)	Niederschlagung von Prügeleien.

100 Brände Pro Tag

In Rom gab es etwa 100 Brände pro Tag. Das war auch kein Wunder. In den Häusern war viel Holz verbaut. Die Häuser standen eng beieinander und die Straßen waren schmal. Alles Gründe, dass ein Brand schnell um sich greifen konnte. In jedem Stadtviertel gab es eine Feuerwehr und in ganz Rom 3000 Feuerwehrleute. Sie überwachten auch die Brandbestimmungen in den Häusern. Vorhanden sein mussten Eimer, Sand und Feuerklatsche. Offenes Feuer in den Wohnungen war verboten. Wer erwischt wurde, zahlte eine hohe Geldstrafe.

Aufgabe 1: *In dem Rätsel findest du die Ausrüstung der Feuerwehr.*

Äx – che – der – ei – le – Le – Lei – mer – pen – pum –
Sei – ser – Schläu – te – tern – Was

a) Maschinen, die Wasser in die Höhe transportieren. ____________

b) Scharfe Hackwerkzeuge ____________

c) Kübel mit Henkel zum Wassertransport ____________

d) Klettergeräte ____________

e) Biegsame Wasserleitungen ____________

f) Lange Taue ____________

Schutz und Sicherheit

Römerrätsel

Aufgabe 1: *Löse das Kreuzworträtsel.*

a) römisches Lager
b) römischer Soldat
c) römisches Schmuckstück gegen böse Geister
d) römisches Kleidungsstück
e) Herrscher des römischen Reiches
f) römischer Schutzwall
g) römische Silbermünze
h) kleinste Einheit der römischen Armee
i) römisches Wohnhaus

a)						K						L
b)		L						Ä				
c)							L	A				
d)					T							
e)	J						C					
f)			I									
g)						E			R			
h)		Z					R					
i)					O			S				

Lösungswort: ____________

100 Brände Pro Tag

Lösungen

Aufgabe 1:

a) Wasserpumpen
b) Äxte
c) Ledereimer
d) Leitern
e) Schläuche
f) Seile

Schutz und Sicherheit

Römerrätsel

Lösungen

Aufgabe 1: Lösungswort: **KOLOSSEUM**

a)						K	A	S	T	E	L	L
b)		L	E	G	I	O	N	Ä	R			
c)				B	U	L	L	A				
d)					T	O	G	A				
e)	J	U	L	I	U	S	C	Ä	S	A	R	
f)		L	I	M	E	S						
g)					D	E	N	A	R			
h)		Z	E	N	T	U	R	I	E			
i)				D	O	M	U	S				

Zusatzmaterial

Kaiserliche Verkehrsregeln

!

In den engen Straßen Roms herrschte ein ständiges Verkehrschaos. Die Reichen quetschten sich mit ihren Sänften, Kutschen und Reitpferden durch die Fußgänger. Fuhrwerke brachten Waren zu den Läden. Jeder drängelte und schob sich durch die Menge. Verkehrsschilder gab es noch nicht und Verkehrsregeln auch nicht bis der Kaiser die Nase von dem Chaos voll hatte und Verkehrsregeln festlegte.

Aufgabe 1: *Lies die Verkehrsregeln und erfinde zu jeder Regel ein Verkehrsschild. Male es ins Heft.*

a) Der Warentransport auf Fuhrwerken in die Stadt darf nur in der Nacht erfolgen.

b) Kutschen dürfen in der Stadt nur mit einer Ausnahmegenehmigung benutzt werden.

c) Sänften dürfen nicht mehr als 60 cm breit sein und nur von zwei Sklaven getragen werden.

d) Der niedere Adel muss sich mit Tragestühlen statt mit Sänften transportieren lassen.

e) Die Vortrittsregeln sind zu beachten: Herr vor Sklave, Senator vor Bürger, Kaiser vor allen

KOHL VERLAG DIE RÖMER AN STATIONEN Grundschule – Bestell-Nr. 11 970

Zusatzmaterial

Brückenbau

Die Römer hatten pfiffige Ideen für den Bau von Brücken, wenn ein Fluss beim Bau einer Straße überquert werden musste.

Aufgabe 1: *Falte ein Schreibblatt so, dass du vier gleiche Rechtecke erhältst, wenn du es wieder aufklappst. Lies die Beschreibungen, wie die Römer eine Brücke gebaut haben. Zeichne zu jeder Beschreibung ein Bild in eines der Rechtecke.*

Zuerst wurden Boote eng aneinander quer zum Ufer in den Fluss gelegt. Über die Boote legten sie eine Holzbrücke.	Dann rammte man einen großen Kreis aus Holzpfählen in das Flussbett.
Aus den Kreisen pumpte man das Wasser ab und baute runde Brückenpfeiler aus Ziegelsteinen hinein.	Zuletzt wurden die fertigen Brückenpfeiler mit einer Holzbrücke verbunden.

KOHL VERLAG DIE RÖMER AN STATIONEN Grundschule – Bestell-Nr. 11 970

Tic-Tac-Toe

Zusatzmaterial

Jugendliche Römer spielten in ihrer Freizeit gerne das Brettspiel **Tic-Tac-Toe.**

Aufgabe 1: *Schneide das Spielbrett und die Spielsteine aus. Suche dir einen Spielpartner. Lest die Spielregeln und spielt das Tic-Tac-Toe.*

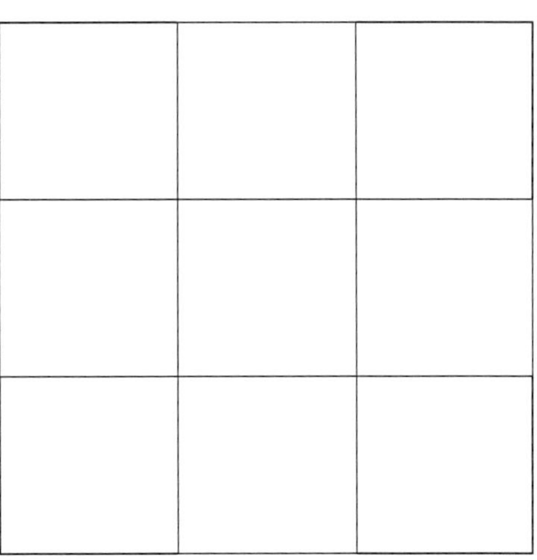

Jeder Spieler bekommt fünf Steine einer Farbe. Jeder Spieler setzt abwechselnd einen Stein auf ein Feld. Wer zuerst drei Steine waagerecht, senkrecht oder diagonal in einer Reihe liegen hat, hat gewonnen.

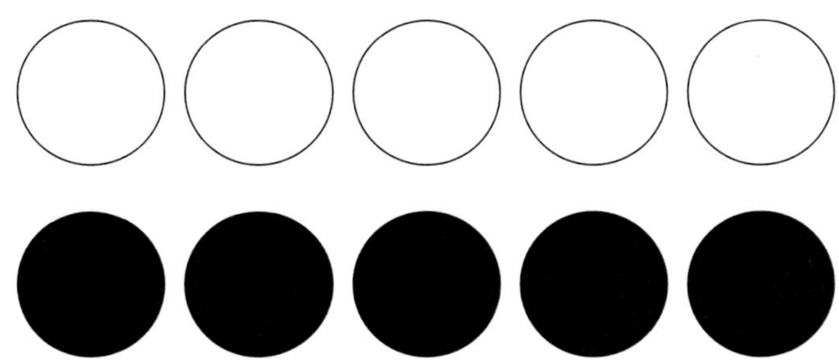

Fresken

Zusatzmaterial

Für die Wandmalereien in den Häusern der reichen Römer, den Tempeln und Palästen, gab es eine besondere Maltechnik, die sich teilweise über 2000 Jahre bis heute erhalten hat. Die Farbe der Bilder wurde auf den noch feuchten Putz der Wand aufgetragen. Der Putz trocknete mit der Farbe. Die Bilder wurden so besonders haltbar. Wir nennen solch ein Bild Fresko (Mehrzahl: Fresken).

Aufgabe 1: *Bildet Gruppen, besorgt euch das Material und fertigt ein Fresko an.*

Besorgt euch:
- 2 Tassen Gips
- 1 Tasse Wasser
- Leere Konservendose
- Farbkasten, Pinsel
- Pappteller
- Stock o. ä. zum Rühren

Für zwei Fresken braucht ihr die doppelte Menge Gipsmasse.

So fertigt ihr ein Fresko an:
1. Gips + Wasser in die Konservendose geben und gut umrühren
2. Gipsmasse auf den Pappteller gießen
3. Bild mit Farbe aus dem Farbkasten auf den noch feuchten Gips malen
4. Trockene Gipsplatte vorsichtig vom Pappteller nehmen.

DIE RÖMER AN STATIONEN

Zusatzmaterial

Mangelware Schulbücher

Schulbücher als Buch oder Arbeitsheft gab es noch nicht im Römischen Reich. Die Texte standen auf Papyrusrollen. Beim Lesen musste man die eine Seite ab- und die andere Seite aufrollen. Für die Mädchen war die Schulzeit im 11. Lebensjahr beendet. Die Jungen durften auch schon mit Tinte auf Papyrus schreiben.

Aufgabe 1: *Die Tinte bestand aus Ruß und Wasser. Besorge dir das Material und stelle Tinte her.*

Besorge dir:
- 1 Stück Holzkohle
- Schmirgelpapier
- Glas mit Wasser
- Tuschfeder
- Schreibblatt

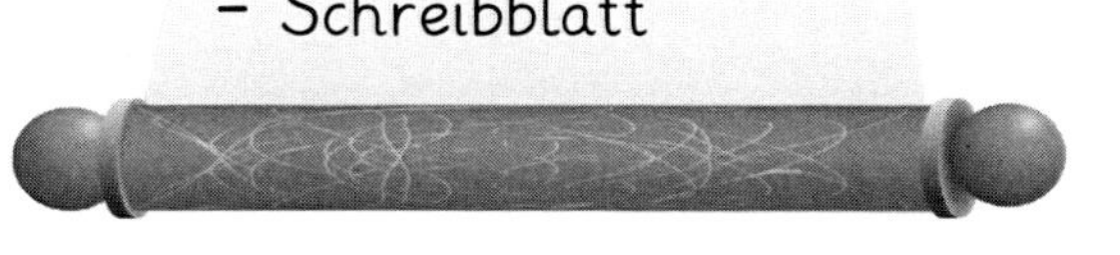

Stelle die Tinte her:
- Die Holzkohle auf dem Schmirgelpapier verreiben.
- Das Pulver in das Wasser geben und gut umrühren.
- Ist die Tinte schwarz genug, mit der Tuschfeder auf dem Schreibblatt schreiben.

Zusatzmaterial

Stein neben Steinchen

Die Zimmerwände in den Häusern Roms waren farbig gestrichen. Reiche Leute ließen sich die Wände auch bemalen. Die Fußböden bestanden aus feinem Beton. Reiche Bürger ließen sich **bunte Steinchen** in den noch feuchten Beton zu einem **Mosaik** legen. Für die Mosaikbilder fertigten Künstler vorher Zeichnungen an.

Aufgabe 1: *Male die Steine des Mosaiks farbig aus. Überlege dir die Farben genau, damit der Fußboden nicht zu bunt wird.*

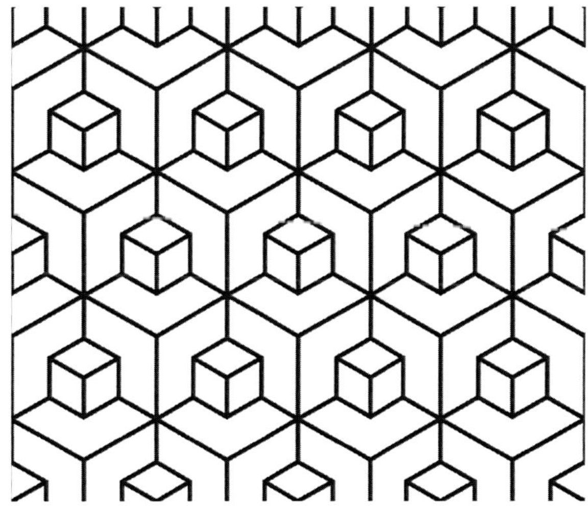

Bauplan gesucht

Zusatzmaterial

Aufgabe 1: *Lies den Text, wie die römischen Soldaten in den eroberten Gebieten Lager (Kastelle) einrichteten. Zeichne nach der Beschreibung einen Bauplan.*

- Zuerst wurde die Fläche für die Größe des Kastells abgesteckt.
- Die Soldaten verteilten sich um die Fläche und hoben einen Graben aus.
- Dabei wurde die Erde nach innen zu einem Schutzwall aufgetürmt.
- Auf dem Schutzwall wurden Holzpfähle zu einem Schutzzaun eingeschlagen.
- Dann legten die Soldaten zwei schnurgerade Straßen an, die sich in der Mitte des Lagers kreuzten.
- Die Kreuzung wurde zu einem Rechteck erweitert. Das war der Marktplatz.
- Auf dem Marktplatz wurden dann die Zelte des Feldherrn und Zahlmeisters errichtet.
- Zuletzt wurden die Zelte für die Soldaten nebeneinander in die vier Rechtecke gestellt.

Mega-Esszimmer

Zusatzmaterial

In Mehrfamilienhäusern war es wegen der Brandgefahr verboten zu kochen. Diese Römer kauften sich ihr Essen in öffentlichen Garküchen. Wer eine eigene Küche hatte, besaß auch ein Esszimmer. Die normalen Maße für ein Esszimmer waren 9 x 7 Meter. Um einen Tisch standen Sofas, auf denen auf der Seite oder auf dem Bauch liegend gegessen und getrunken wurde.

Aufgabe 1: *Miss dein Klassenzimmer aus und vergleiche es mit einem Esszimmer in Römischer Zeit. Notiere, was du feststellst.*

Aufgabe 2: *Probiere aus, ob es wirklich bequem war im Liegen zu essen und zu trinken. Lege dich während der Frühstückspause auf deinen Schultisch und iss dein Pausenbrot und trinke dein Getränk. Notiere, was du feststellst.*

DIE RÖMER AN STATIONEN

Römische Torte auf Lorbeerblatt

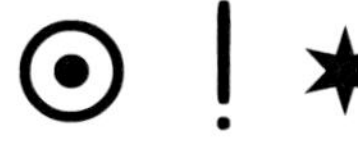

Zusatzmaterial

Zutaten für 6 Personen
60 g Grießmehl
180 g Weizenmehl
340 g Ricotta-Käse
300 g klaren Honig
5 Lorbeerblätter
Olivenöl zum Einpinseln

Benötigte Geräte:
Nudelholz
3 Schüsseln
1 Tonschüssel (⌀ 40 cm)
Küchenwaage
Backblech
Esslöffel
Backpinsel
Lineal zum Abmessen

Römische Torte auf Lorbeerblatt

Zusatzmaterial

Zubereitung:

1. Grießmehl mit etwas Wasser in eine Schüssel geben – eine Stunde stehen lassen
2. 120 g Mehl mit 2 EL Wasser zu Teig verkneten
3. Käse mit 3 EL Honig verrühren
4. Grießmehl ausdrücken und mit 60 g Mehl zum Grießteig verkneten
5. Grießteig in 6 gleich große Stücke teilen und mit dem Nudelholz ausrollen
6. Kuchenteig zu einem ⌀ 45 cm Fladen ausrollen
7. Backblech mit Öl einpinseln und Lorbeerblätter darauf verteilen
8. Fladen auf das Backblech legen
9. Abwechselnd Schichten auflegen: Grießteigfladen, Käse-Honig-Mischung.
10. Überstehenden Rand über die Torte klappen
11. Torte mit der Tonschüssel zudecken
12. Backofen auf 2200 vorheizen
13. Torte 50-60 Minuten backen
14. Rest des Honigs erwärmen und über die Torte gießen
15. 30 Minuten einziehen lassen

DIE RÖMER AN STATIONEN
Grundschule – Bestell-Nr. 11 970

Klasse 1 2 3 4

Sachunterricht

Gabriela Rosenwald

Wichtige Erfindungen und ihre Erfinder

Bedeutende Erfindungen vom Rad bis zum Internet

Inhalt: Erfinder und Entdecker; Zeitübersicht wichtiger Erfindungen; Das Patent; Bedeutende Erfindungen (Rad, Schwarzpulver, Computer ...); Die Luftfahrt; Verständigung (Kommunikation); Motoren und Autos; Rundfunk und Fernsehen u.v.m.

56 Seiten	10 996	ab 14,49 €	3 4

Birgit Brandenburg

Wichtige Entdecker der Geschichte

Von Christoph Kolumbus bis Galileo Galilei

Inhalt: Christoph Kolumbus (Ein Seeweg nach Indien wird gesucht ...); Howard Carter (Weltberühmtes Telegramm ...); Marco Polo (Begehrter Werbeträger, Wahrheit oder Lüge?); Andreas Sigismund Marggraf (Runkelrüben, Der Zuckerhut ...); Galileo Galilei (Die Erde - das Zentrum?, James Cook u.a.

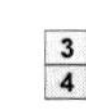

72 Seiten	10 995	ab 15,99 €	3 4

Wolfgang Wertenbroch

Die Schrift im Alten Ägypten

Hieroglyphen, Pyramiden, Schreiber & Grabräuber

Mit dieser Lernwerkstatt, vorgesehen zum Einsatz in der Grundschule in den Klassen 2 bis 4 sowie in der Sekundarstufe in den Klassen 5 bis 8, lernen die Schüler handelnd in die Kultur der Alten Ägypter einzutauchen, sie nachzuvollziehen und zu erleben – indem sie die Schrift der Hieroglyphen lesen und schreiben. Wenn die Schüler aus ihrer passiven Rolle herausgeholt werden und durch aktives und handelndes Lernen Neues erfahren, ist die schulische Arbeit viel effektiver. Zusätzlich wird jede Menge Freude durch Lernerfolg freigesetzt. Die Kopiervorlagen sind bestens geeignet zum selbstständigen Arbeiten in der Freiarbeit und mit ausführlichen Lösungen - auch zur Selbstkontrolle - ausgestattet.

48 Seiten	11 198	ab 13,49 €	BF	2 3 4

Sonderpädagogischer Förderbedarf

Anni Kolvenbach

Griechen, Römer, Steinzeit

Der Geschichtsunterricht sollte anschaulich gestaltet sein, damit Personen und Lebensweisen aus Vorzeiten begriffen werden. Auf diese Weise sind diese drei spannenden Epochen der Menschheit aufbereitet und bereit für Ihren Unterricht.

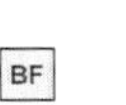

Griechen	12 695		
Römer	12 694	je 32 Seiten	
Steinzeit	12 714	ab 11,99 €	3 4

Anni Kolvenbach

Das Mittelalter

NEU

Der Geschichtsunterricht stellt gerade im Sonderpädagogischen Förderbereich LE besondere Herausforderungen dar – gerade an der Regelschule im Feld der Inklusion. Diese Kopiervorlagensammlung knüpft an die Themen des Kernlehrplans an und bricht die komplexen Themen des Mittelalters herunter. Vom Beginn des Mittelalters, das Leben im Mittelalter, Ritter und Burgen und vielem mehr bietet diese Sammlung eine Differenzierung in drei Niveaustufen.

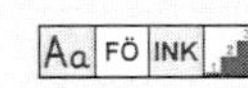

32 Seiten	13 016	ab 11,99 €	3 4

Gabriela Rosenwald

Als Oma und Opa noch zur Schule gingen

Die Geschichte der Schule von früher bis heute

Inhalt: Geschichte der Schule (Schule im 18./19. Jhdt., Tornister, Rudo Steiner, Maria Montessori...); Lesen und Schreiben (Bleistift...); Rec nen; Schulleben (Belohnung und Strafen, Das Zeugnis...); Zum gute Schluss (Ausstellung „Schule früher") u.v.m.

80 Seiten	10 977	ab 14,99 €

Birgit Brandenburg

Der Traum vom Fliegen

Die Geschichte der Luftfahrt von früher bis heute

Neben der geschichtlichen Entwicklung der Luftfahrt geht dieser Band vielen Beispielen und Versuchen auf zahlreiche spannende Fragen ein!

Inhalt: Die Geschichte des Fliegens; Flugobjekte; Wie ein Flugzeu funktioniert; Wie ein Flughafen funktioniert; Fliegende Tiere und Techni Kurioses, Komisches & Kauziges

64 Seiten	12 075	ab 13,49 €	PDF plus

Sabrina Hinrichs

Mumien & Hieroglyphen

Ägyptische Geschichte in Rätseln

Pyramiden, Sphinxe, Sarkophage und Mumien ... Informative Wissens texte wechseln sich mit altersgerechten Rätseln ab. Was sind Hierogl phen und wer hat sie entschlüsselt? Was ist eine Mumie und waru wurden die Pyramiden gebaut? Die ägyptische Geschichte wird alter gerecht erklärt und mit Rätselspaß kombiniert vermittelt.

48 Seiten	12 702	ab 13,49 €	BF

Sabrina Hinrichs

Ritter & Burgen

Das Mittelalter in Rätseln

In diesem spannenden Rätselband wechseln sich informative Wissen texte mit altersgerechten Rätseln ab. Das Thema „Ritter und Burge fasziniert bis heute Jung und Alt gleichermaßen. Mehr darüber zu e fahren, wie sie lebten, was sie dachten und erforschten, wird in diese Band mit Hilfe von Texten dargeboten, die viele Informationen zu diese Themen beinhalten. Unterschiedlich aufgebaute, altersgerechte Räts motivieren, sich mit dem Inhalt nochmals aus einer anderen Perspektive zu beschäftigen.

48 Seiten	12 896	ab 13,49 €	Aa BF

B. Brandenburg, C.Eisenberg, G. Rosenwald & M. Brugger

Geschichte an Stationen

TIPP

Mit wenig Vorbereitungsaufwand Wissenswertes und Spannendes über geschichtliche Themenbere che und deren Bedeutung für die Weltgeschichte. Die verschiedenen Niveaus entsprechen dem unte schiedlichen Leistungsvermögen der Kinder und erlauben Begeisterung durch Erfolg.

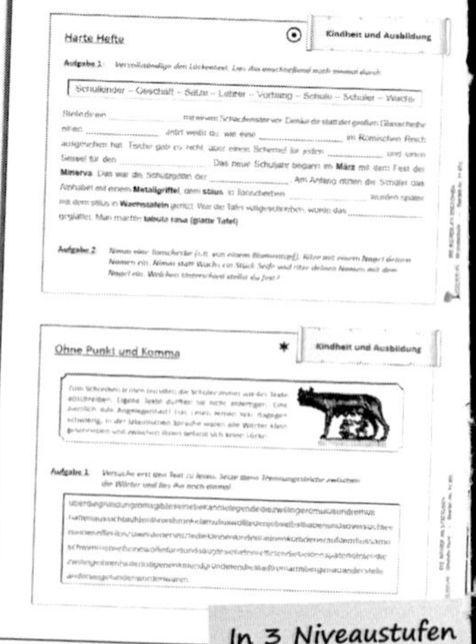

In 3 Niveaustufen zur Differenzierung

64 S.	Die Römer	11 970	ab 14,99 €
64 S.	Die Ägypter	11 971	ab 14,49 €
64 S.	Mittelalter	11 972	ab 14,49 €
72 S.	Entdecker	11 973	ab 14,49 €
80 S.	Erfinder	11 974	ab 16,49 €
72 S.	Steinzeit	12 073	ab 15,99 €
72 S.	Indianer	12 074	ab 15,99 €
64 S.	Die Griechen	12 145	ab 13,49 €
80 S.	Schule früher und heute	12 146	ab 16,49 €
68 S.	Dorf und Stadt früher und heute	12 265	ab 14,99 €
64 S.	Die Dinosaurier	12 390	ab 14,49 €
64 S.	Unsere Vorfahren (Kelten & Germanen)	12 564	ab 14,49 €
64 S.	Raumfahrt	12 703	ab 14,99 €
64 S.	Ritter & Burgen	12 890	ab 14,99 €